Markus Hofer / Andreas Rudigier
Die Vierzehn Nothelfer

vorarlberg museum Schriften 49

Markus Hofer · Andreas Rudigier

DIE VIERZEHN NOTHELFER
DAS HIMMLISCHE VERSICHERUNGSPAKET

Tyrolia-Verlag · Innsbruck-Wien

INHALT

ZWISCHEN KREATIVITÄT UND ABERGLAUBE 7
Früher wie heute: Gemeinsamkeiten 8
Auf der Suche nach Unterschieden 9
Heiligenverehrung als Lebensform 11

DIE GESCHICHTE DER HEILIGENVEREHRUNG 13
Die Anfänge der Heiligen 15
Die mittelalterliche Helden-Schmiede 16
Von den Märtyrern zu den Bekennern 18
Die großen Asketen 19
Martin von Tours 21
Die Vermittlung zwischen Himmel und Erde 23
Die Praxis der Heiligsprechung 25
Reliquien und Reliquienkult 26

DIE LEBENSFORM DER HEILIGENVEREHRUNG 32

SCHUTZ – HILFE – WUNDER 37
Patronate 37
Berufsheilige 39
Wetterheilige 39
Persönliche Helferinnen und Helfer 40
Die Frage nach den Wundern 43

DIE VIERZEHN NOTHELFER 47
Eine stattliche Einsatztruppe 47
Die himmlische Bestätigung 52
Die Rückkehr der Toten 55

NÖTE UND NOTHELFER HEUTE 56
Das Schicksalhafte 56
Die Ängste und der Druck 58
Der Markt der Nothelfer 59

ACHATIUS VON BYZANZ 61
ÄGIDIUS VON SAINT-GILLES 69
BARBARA 79
BLASIUS 93
CHRISTOPHORUS 101
CYRIAKUS 111
DIONYSIUS VON PARIS 117
ERASMUS VON ANTIOCHIEN 125
EUSTACHIUS 133
GEORG 141
KATHARINA VON ALEXANDRIEN 153
MARGARETA VON ANTIOCHIEN 163
PANTALEON 171
VITUS 179

Literatur/Bildnachweis/Autoren 188

ZWISCHEN KREATIVITÄT UND ABERGLAUBE

Schaurige Drachen, blitzende Schwerter, siedendes Pech, endlose Gänge von Eis, Figuren mit dem Kopf unterm Arm, Särge im Meer, erleuchtetes Wild in lichtdurchfluteten Wäldern, magische Türme, Erscheinungen und Misshandlungen, lustvolles Quälen und widerständiger Heldenmut, wilde Tiere, geheimnisvolle Vögel, hünenhafte Figuren mit übermenschlichen Kräften, Hundsgesichtige, Schwefeldämpfe und Feuererscheinungen, schöne Frauen und gehässige Folterknechte. Nicht zuletzt Heldinnen und Helden, die das alles glorreich überstehen.

Was aufs Erste klingt wie das Drehbuch eines zeitgenössischen Fantasy-Films, sind Szenen spätmittelalterlicher Heiligenlegenden; wobei jene der Vierzehn Nothelfer in besonderer Weise herausragen. Wollte man heutigen Menschen solche Heiligengeschichten erzählen, es käme vermutlich nicht gut an: altmodisch, rückständig, typisch Mittelalter! Wer glaubt denn noch so einen Blödsinn! Derartiger Unsinn scheint aufgeklärten Menschen nicht mehr zumutbar zu sein.

Klickt man sich aber durch die einschlägigen Fernsehkanäle der Fantasy-Welt von „Herr der Ringe" bis „Game of Thrones", taucht alles wieder auf. Da wimmelt es nur so von tapferen Figuren, Drachen und phantasievollen Geschichten, heldenhaften Märtyrern und unverwundbaren Erlösern. Und nicht nur dort: Auch James Bond übersteht in Serie jede noch so grausame Tortur ähnlich den frühchristlichen Märtyrerlegenden. Die Drehbuchautoren der modernen Filmindustrie scheinen wie in Endlosschleifen aus den alten Sagen und Legenden zu schöpfen. „Es gibt nichts Neues unter der Sonne!" (Koh 1,9)

FRÜHER WIE HEUTE: GEMEINSAMKEITEN

Fantasy-Geschichten sind immer auch verbunden mit einem Stück Horror und Nervenkitzel. So hat man vermutlich schon am steinzeitlichen Lagerfeuer begonnen, Geschichten zu erzählen, die immer spannender ausgeschmückt und mit unheimlichem Kitzel versehen wurden. Dieses Spiel von Reiz und Entspannung, von Angsterregung und Beruhigung hat an sich etwas Lustvolles. Auch das Erzählen und Zuhören als solches bildet eine menschliche Konstante, die Gemeinschaft schafft und Kohärenz, sinnstiftende Zusammenhänge; das Erzählen ist nicht nur für Kinder attraktiv. Ebenso wurden die Märtyrerlegenden rund um die Vierzehn Nothelfer im Mittelalter immer phantasievoller ausgeschmückt mit fraglos sich ständig erhöhendem Gruselfaktor. Das erzählerische Spiel mit dem Nervenkitzel war mit Sicherheit dabei, heute wie damals.

Befragt man Fantasy-Fans, so schwärmen sie von der Flucht in phantasievolle Gegenwelten, eine Flucht aus dem manchmal sehr einförmigen bis zwanghaften Alltag. Es macht Spaß, neue Welten zu kreieren, neue Figuren in ihrem noch ungewohnten Verhalten zu beobachten; auch wenn sie meistens bald wieder stereotyp werden. Phantasiewelten schaffen Entspannung, Ausgleich, Fluchten und Erholung, zumal von Anfang an klar ist, dass die Braven siegen und die Geschichte gut ausgeht – bei aller Spannung, die dazwischen produziert wird, und bei allen sympathischen Helden, die märtyrerhaft auf dem Weg dorthin sterben müssen. So entsteht in den Geschichten eine Art verlässlicher Zuversicht, wie sie der reale Alltag nicht immer garantiert. Auch an diesem Aspekt hat sich vermutlich nicht viel geändert.

Eine weitere Konstante ist zweifellos das Bedürfnis nach Helden. Als Hermann Maier, der „Herminator", bei den Olympischen Winterspielen 1998 in Nagano nach seinem Horrorsturz drei Tage später eine Goldmedaille holte, stand er kurz vor seiner säkularen Heiligsprechung – nahe am Rang der Unsterblichkeit wie die antiken Halbgötter. Die Verehrung von Helden ist ungebrochen, wenn nicht durch die omnipräsente mediale Welt noch stärker denn je. Die Heldenverehrung von der Antike bis heute ist ein komplexes Phänomen. Einmal geht es um ein Stück Vorbildwirkung und Orientierung; auch wenn vermutlich niemand „Herminators" Flug über die Piste imitieren möchte. Vielleicht machen Helden aber auch Mut, Eigenes zu überstehen oder etwas zu wagen. Als zumindest kleiner „Herminator" könnte man sich ja schon einmal trauen. Für andere wieder mag es nur eine Flucht sein. Der Traum vom Helden wird dann zum Ersatz für das eigene Handeln. Das Fan-Sein, die persönliche Verehrung von Helden, kann auch eine Kompensation für mangelndes Selbstbewusstsein sein. Je großartiger die Person ist, die ich verehre, umso mehr steigt damit das eigene Gefühl der Grandiosität. Die Helden des Sports und des Kinos haben inzwischen die früheren Helden des Glaubens abgelöst. Das Bedürfnis nach Helden war aber sicher auch früher gegeben.

AUF DER SUCHE NACH UNTERSCHIEDEN

Wenn es schon nichts Neues unter der Sonne gibt, gibt es dann keinen Unterschied zwischen den spätmittelalterlichen Heiligenlegenden und modernen Fantasy-Spektakeln? Der Nervenkitzel war früher sicher mit im Spiel, wie auch der Gefallen an phantastischen Gegenwelten und dem Bedürfnis, charismatische Figuren hochzustilisieren und zu verehren. Auch einige magische Züge sind nicht auszuschließen. Sosehr die christlichen Missionare des frühen Mittelalters versuchten, frühere Kulte und den heidnischen Aberglauben auszulöschen, faszinierten die biblischen Wundergeschichten und nahmen die Heiligenlegenden zunehmend auch magische Züge an. Der Rationalismus der Kirchenväter und der im Volk gelebte Glaube waren kaum einmal deckungsgleich. Aber auch das ist nichts Neues, vergleicht man heute das rationale Wissen der Medizin mit den vielfältig wuchernden Heilpraktiken der Gegenwart.

In der frühen Neuzeit ging es der Heiligenverehrung erstmals an den Kragen. Für die Humanisten war es nur ein „Meer des Aberglaubens" und so schreibt Erasmus von Rotterdam über die prominenten Nothelfer: „Nehmt einen Heiligen mit einer unterhaltsamen, poetischen Legende, wie den Georg, den Christophorus, die Barbara – ihr werdet sehen, dass der viel fleißiger verehrt wird als Petrus oder Paulus oder selbst Christus."[1] In dieselbe Ker-

---
[1] Zit. nach Angenendt, Heilige und Reliquien, S. 234

be schlug Martin Luther, wenn er kritisiert, dass Christus ausgelöscht und „durch diese Scharen und Haufen von Mittlern und Fürbittern ersetzt"[2] wird. Der Bildersturm besonders der Zwinglianer und Calvinisten machte vielen Heiligenbildern den Garaus. Die inhaltliche Pointe von Erasmus und Luther bestand zu Recht. Die Heiligenverehrung wucherte im Spätmittelalter nicht selten so, dass der christliche Kern des Glaubens überdeckt wurde. Doch das Kind ließ sich nicht mit dem Bade ausschütten.

Das Konzil von Trient bekräftigte zwar die Verehrung der Heiligen, reduzierte aber den Heiligenkalender, propagierte vorrangig die Marienverehrung im Zuge der Gegenreformation und versuchte die vielen Formen der Frömmigkeit zu regulieren – manchmal mit mehr und manchmal mit weniger Erfolg. Als gegen Ende des 16. Jahrhunderts in Rom ein Weinberg einstürzte und sich darunter eine große Katakombe öffnete, wurden unzählige vermeintliche Märtyrergebeine über die Alpen gebracht, vermittelt von Kurienmitgliedern und Schweizergardisten. Manche der Gebeine sollen dem Vernehmen nach sogar nachträglich „getauft" worden sein, um sie dann als römische Märtyrerreliquien gelten zu lassen. Es ist eine spannende und gleichzeitig kuriose Geschichte um diese sogenannten Katakomben-Heiligen und doch trifft die berechtigte Kritik an den Auswüchsen und Überwucherungen nicht den Kern der Sache.

Die Rationalität der beginnenden Moderne versuchte endgültig die Welt zu entzaubern. Der Kult um die Heiligen und ihre Reliquien wurde zunehmend als dumm und geschmacklos angesehen. „Legende" und „Mythos" qualifizierten die aufgeklärten Rationalisten als Ausdruck eines überholten, vorwissenschaftlichen Wissensstandes; mehr hatten sie dafür nicht mehr übrig. Für die neuen Ethnologen waren es „primitive Kulturen", die einem ebensolchen Stadium der Geschichte der Menschheit entsprechen. Mit einem dieser Ethnologen hat sich der Philosoph Ludwig Wittgenstein eingehend befasst: James G. Frazer hat in seinem vielbändigen Werk „The Golden Bough" (Der Goldene Zweig, 1890) Unmengen an religionsgeschichtlichem Material gesammelt. Doch für ihn waren diese Menschen nur „Wilde", die so getan haben, weil sie es nicht besser wussten, weil ihre Weltanschauung auf Defiziten beruhte. Vermutlich kämen auch heutige Zeitgenossen, wenn

---

2 Zit. nach Angenendt, S. 236

sie die Geschichten der Vierzehn Nothelfer lesen, zu dem Schluss, dass es sich nur um typisch mittelalterliche Dummheiten handeln kann; um sich dann zur Erholung eine Fantasy-Serie reinzuziehen.

Für Wittgenstein aber ist Frazer selber viel wilder als die meisten seiner vermeintlich Wilden. Ihn ärgert, dass er Menschen in ihren religiösen Praktiken so defizient darstellt, als wüssten sie es nur nicht besser: „So war also Augustinus im Irrtum, wenn er Gott auf jeder Seite der ‚Confessionen' anruft? Aber – kann man sagen – wenn er nicht im Irrtum war, so war es doch der buddhistische Heilige – oder welcher immer – dessen Religion ganz andere Anschauungen zum Ausdruck bringt. Aber *keiner* von ihnen war im Irrtum, außer wo er eine Theorie aufstellt."[3]

HEILIGENVEREHRUNG ALS LEBENSFORM

Damit ist ein entscheidender moderner Irrtum auf den Punkt gebracht. Religiöse Praktiken sind keine Theorien, sondern „Lebensformen", um einen späteren Begriff Wittgensteins zu verwenden. Solche Lebensformen kann man teilen oder nicht teilen. In der rationalistischen Perspektive Frazers erscheinen sie aber als Dummheiten. Dabei, so Wittgenstein, wird nicht plausibel, warum die Menschen so dumm waren, dass sie das alles aus purer Dummheit gemacht haben[4]. Der Mensch ist ein „zeremonielles Tier"[5], auch wenn Wittgenstein den Begriff mit Vorsicht verwendet. Rituale, Kulte und religiöse Praktiken sind Teil des menschlichen Lebens, aber es sind Lebensformen und keine Theorien über etwas. Verstehen kann man sie vermutlich nur in ihrem Sitz im Leben und nicht, indem man ihnen vorwissenschaftliche Hypothesen zur Welterklärung unterstellt. Dazu nochmal Ludwig Wittgenstein: „Einem religiösen Symbol liegt keine *Meinung* zu Grunde. Und nur der Meinung entspricht der Irrtum. Man möchte sagen: Dieser und dieser Vorgang hat stattgefunden; lach', wenn du kannst."[6]

---

3 Wittgenstein, Bemerkungen über Frazers „The Golden Bough", S. 38f
4 Vgl. Wittgenstein, S. 39
5 Wittgenstein, S. 43
6 Wittgenstein, S. 40

Mit dem Begriff der Lebensform kann die Heiligenverehrung deutlicher abgegrenzt werden von zeitgenössischen Fantasy-Spektakeln. Bei allem, was in der Heiligenverehrung mitgespielt hat, und bei allen noch so kuriosen Auswucherungen, ist sie zuerst einmal eine Lebensform, die das Leben der Menschen sehr wesentlich geprägt hat. Die Heiligenverehrung diente nicht der Unterhaltung und Erholung, zumindest nicht primär dem Nervenkitzel oder der Lust am Phantastischen, sondern war ein zentraler Bestandteil der Lebensbewältigung. Das wird allerdings noch zu zeigen sein. Aus Wittgensteins Perspektive muss aber klar sein, dass Lebensformen nicht wahr oder falsch sind. Sie mögen einem nützlich erscheinen oder nicht, plausibel oder nicht. Man kann sie teilen oder eben nicht. Ihre Wirkung kann vermutlich nur ergriffen werden, wenn man eine Lebensform auch lebt. Wer weiß denn schon, ob die Nothelfer nicht heute noch funktionieren würden? Und welche Nothelfer sind an deren Stelle getreten? Wittgensteins Kommentar: „Lach', wenn du kannst."

Noch etwas: Lebensformen sind grundsätzlich kombinierbar und können sich wohltuend überlagern. In einer weisen orientalischen Geschichte kommt ein Bauer an das Stadttor, um drinnen auf dem Markt sein Gemüse zu verkaufen. Unschlüssig, was er mit seinem Esel machen soll, fragt er einen vorbeikommenden Würdenträger: „Mullah, soll ich meinen Esel anbinden oder Allah vertrauen?" Der Mullah antwortet: „Vertrau auf Allah und bind deinen Esel fest."

DIE GESCHICHTE DER HEILIGENVEREHRUNG

Die Anfänge der christlichen Heiligenverehrung reichen weit zurück ins 2. Jahrhundert. Die ersten Belege einer Märtyrerverehrung stammen aus der Ostkirche aus der Zeit um 160: Polykarp von Smyrna war Bischof im heutigen Izmir (Türkei) und wurde vermutlich ein paar Jahre vorher von den Römern hingerichtet. In der westlichen Kirche entwickelte sich die Verehrung der Märtyrer während des 3. Jahrhunderts, in dem es längere, systematische Verfolgungen gab. Die frühe Christenheit ist in den ersten drei Jahrhunderten nicht ständig verfolgt worden. Zuerst waren es vor allem einzelne, besonders grausame Kaiser bzw. auch lokale Konflikte, die zu Verfolgungen führten und die vorerst auch lokal begrenzt blieben. Ab Mitte des 3. Jahrhunderts gab es erstmals gesamtstaatliche Verfolgungen. Diese spitzten sich, angeheizt durch die Verbreitung und den wachsenden Einfluss des Christentums im Römischen Reich, kurz vor der Konstantinischen Wende noch einmal ordentlich zu. Unter Diokletian und seinen Mitkaisern kam es zu grausamen systematischen Verfolgungen quer durch alle Provinzen des Römischen Reiches, und das für acht Jahre (303–311) mit unzähligen Hinrichtungen.

Nach einem Erlass von Kaiser Diokletian wurden christliche Gottesdienste untersagt, Sakralräume und christliche Schriften zerstört und Bischöfe eingekerkert. Christen durften auch keine Ämter im Staatsdienst annehmen. Die Zuspitzung der Verfolgungen lag aber im sogenannten Kaiseropfer. Es galt für alle die Todesstrafe, die sich weigerten, dem Kaiser als Gott zu opfern. Um die Christen vor der Hinrichtung zu bewahren, war es erlaubt bzw. sogar erwünscht, die sich Verweigernden durch Folter doch noch zum Kaiseropfer zu bringen. Damit waren die vielen Hinrichtungen durchwegs vorab mit grausamen Folterungen verbunden. Das Kaiseropfer wurde für die Christen zur mörderischen Nagelprobe. Ein Gallier hatte vermutlich weniger Probleme, neben seinen mehreren keltischen Göttern auch noch dem Kaiser zu opfern. Der christlich-jüdische Ein-Gott-Glaube aber ließ ein solches Opfer nicht zu. Die Christen verrieten ihren Glauben, wenn sie dem Kaiser opferten.

Aus der Distanz betrachtet erscheint diese Verfolgungswelle wie das letzte grausame Aufbäumen des römischen Staates gegen die neue, nicht mehr wirklich zu unterdrückende Religion. Spätestens die Mailänder Vereinbarung Kaiser Konstantins von 313 brachte die Wende und damit das Ende der Verfolgungen. Die zuletzt gerade im Osten des Reiches besonders grausame Verfolgungswelle ist relativ verlässlich dokumentiert in einer Schrift des Eusebius von Cäsarea (264–340), dem Vater der Kirchengeschichte: „Über die Märtyrer in Palästina". Seine Schilderungen beinhalten teilweise Selbsterlebtes bzw. gehen viele auf Berichte von Augenzeugen zurück. Immer noch berührend ist, wie manche Märtyrerinnen und Märtyrer furchtlos und mutig die sadistischen Qualen über sich ergehen ließen oder dann sogar freudig betend und singend dem Tod entgegengingen.

Mitte des 3. Jahrhunderts waren die Augenzeugen des Evangeliums schon längst verstorben, ebenso die sogenannten apostolischen Väter, die noch einen der Apostel (angeblich) persönlich kannten. Seit Ende des 2. Jahrhunderts etwa war zumindest entschieden, welche Evangelien zum Kanon des Neuen Testaments gehören sollten. Es war eine Zeit des Übergangs von der begeisterten Bewegung, die noch nicht allzu viel Struktur brauchte, zu einer umfassenden Organisation, die bereits dabei war, eine eigene Theologie zu entwickeln. Das Christentum breitete sich kontinuierlich aus im Römischen Reich und die bisherigen Verfolgungen konnten hier nichts bewirken. Unter den Kaisern Decius (249–251) und Valerian (253–260) kam es zur ersten gesamtstaatlichen Christenverfolgung, deren Höhepunkt die grausamen Jahre von Diokletian und Galerius (303–311) bildeten. Damit stellte sich die Frage der Zukunft der christlichen Bewegung noch einmal neu. Plötzlich ging es nicht mehr um Organisation und Theologie, sondern um die existenzielle Frage: Verrat des Glaubens oder Hinrichtung. Selbstverständlich standen nicht alle gläubigen Christen vor dieser Entscheidung. Es waren vor allem exponierte Personen (Gemeindevorsteher, Bischöfe, Diakone usw.) oder sich durch ihr charismatisches Bekenntnis besonders exponierende Personen, die in diesen Jahren ihr Leben für den Glauben lassen mussten.

DIE ANFÄNGE DER HEILIGEN

Was diesen Märtyrerinnen und Märtyrern widerfuhr, löste nicht nur Entsetzen und Mitleid aus. Es entwickelte sich gleichzeitig eine anhaltende Faszination gegenüber diesen Menschen, die trotz Folter und Tod klar und oft auch freudig zu ihrem Glauben an Christus standen. Damit wurden sie in der Zeit der Verfolgung und dann weit darüber hinaus zu Vorbildern im Glauben. Diese Vorbilder vermittelten Orientierung und Bestätigung und nicht nur das: Sie machten einfach Mut. Das machen solche Helden aus, dass man sie anzapfen kann, wenn man es braucht.

Es gibt keine Religion ohne die Verehrung von als ‚heilig' geltenden Personen. Vorbilder, die man persönlich bewundert und verehrt, gehören zum Menschsein und es ist ein archaisches Element, dass große Vorbilder in der Verehrung auch entsprechend überhöht werden. Schon in der griechischen Mythologie gab es die Heroen, die aufgrund ihrer Stärke, ihres Mutes und ihrer Taten als Halbgötter verehrt wurden und von denen man annahm, dass sie deshalb im olympischen Himmel verkehrten. Auch die christlichen Heiligen wurden so zu einer starken Brücke vom Diesseits ins Jenseits.

Auch wenn später manches verniedlicht wurde, wirken in den Märtyrerlegenden noch Elemente des antiken Heldenkults nach. Manche Heilige erscheinen mit ihren Taten und Wundern wie die Nachfolger der griechischen Heroen. Das Bedürfnis nach Helden ist offensichtlich eine existenzielle Grunddimension. Heute sind es weniger die Heiligen, doch die Verehrung von Stars und der Kult um ihre ‚Reliquien' in den zeitgenössischen Fanstores ist quantitativ um nichts geringer als früher; und gleichzeitig ein großer Markt. Waren es früher die Helden im Glauben, sucht man sie heute eher in den Revieren von Sport und Film. Filmstars opfern alles, um berühmt zu werden, und die Sportstars riskieren dafür auch noch Kopf und Kragen. Verloren gegangen ist inzwischen die Dimension, die über sie selber hinausweist. Die frühen Märtyrer gingen nicht in den Tod, um berühmt zu werden. Sie gingen in den Tod für Gott, für etwas Größeres, das weit über sie hinausging.

DIE MITTELALTERLICHE HELDEN-SCHMIEDE

So grausam die Schilderungen der Christenverfolgung schon bei Eusebius sein mögen, sind sie doch nichts im Vergleich zu den spätmittelalterlichen Ausschmückungen wie bei den Nothelfern. In diesen Geschichten überleben die heiligen Delinquenten regelmäßig nicht nur die Folter, sondern auch mehrere Tötungsversuche hintereinander; am Ende werden sie dann meistens sicherheitshalber geköpft oder ertränkt. Von solchen ‚Mehrfach-Tötungen' ist bei Eusebius noch nichts zu finden. Im Mittelalter entstand ein eigener literarischer Topos, der aus den Verfolgungserzählungen regelrechte Horrorgeschichten machte und entlang der Grenze zu Sadomasochismus für entsprechenden Nervenkitzel sorgte. Ein bisschen Nervenkitzel sei auch den mittelalterlichen Menschen zugestanden, der Kern der Sache war aber ein anderer. Diese als heilig verehrten Märtyrerinnen und Märtyrer waren inzwischen zu Fürsprechern geworden sowohl in privaten wie öffentlichen Anliegen und je heldenhafter ihre Geschichten klangen, umso mehr traute man ihnen zu. Die Legenden wurden immer bildgewaltiger ausgebaut und aus den Märtyrern wurden nahezu unsterbliche Helden. Wenn die mittelalterlichen Menschen merkten, dass das wirkte, hatten sie vermutlich weniger Skrupel als wir heute; ‚dümmer' waren sie deshalb noch lange nicht.

Je mehr diese Heldinnen und Helden an Qualen auszuhalten vermochten, je Wundervolleres sie zuwege brachten, umso mehr steigerte sich ihre Wirkkraft. Die Wirkkraft von Personen, an die man glaubt, an denen man sich orientiert, zu denen man aufsieht, nährt sich nie nur aus dem historisch Faktischen, sondern aus dem Narrativ. Erst die Erzählung macht daraus die Person, auf die man baut. Wenn Sterbende zur heiligen Barbara beteten um eine gute Sterbestunde, dann halfen ihnen die Geschichten dieser unerschrockenen Heldin, die den Tod nicht scheute und der sogar Engel und Christus persönlich immer wieder halfen, die erlittenen Wunden zu heilen. Wenn hochschwangere Frauen zur heiligen Margareta beteten um eine gute Geburt, dann war ihnen die Geschichte dieser Frau, die sogar einen Drachen besiegte, einfach hilfreich. Die Frage nach der historischen Existenz dieser Heiligenfiguren war schlichtweg irrelevant. Sowohl für Barbara wie für Margareta gibt es keine historischen Belege, aber es gibt unzählige Belege für

Nachdem die beiden Nothelferinnen Barbara (links) und Margareta mehrfache Folter überstanden hatten, wurden sie hingerichtet. Flügelaltar in St. Nikolai, Oberbobritzsch (Sachsen), von einem unbekannten Künstler, 1521

ihre Wirkmacht in der Lebensform gläubiger Menschen, die sie in ihrer Not angerufen haben. Vermutlich würde Wittgenstein auch hier sagen: „Lach', wenn du kannst."

VON DEN MÄRTYRERN ZU DEN BEKENNERN

Die erste Welle der Heiligenverehrung bezog sich also auf jene Männer und Frauen, die wegen ihres Glaubens an Christus getötet wurden. Als ‚heilig' galten sie schon allein deshalb, weil sie für ihren Glauben das Leben lassen mussten. Nach der Konstantinischen Wende ab 313 veränderte sich diese Sachlage völlig. Gut sechzig Jahre später, 380 unter Kaiser Theodosius, wurde das Christentum bereits zur römischen Staatsreligion und Märtyrer gab es schon lange keine mehr. Es war die Zeit der politischen Anpassung des Christentums, die Phase des Übergangs von der privaten religiösen Bewegung zur etablierten Kirche. Gleichzeitig waren es die Jahre, in denen das junge Christentum erstmals nach außen wahrnehmbar wurde, ein öffentliches Gesicht erhielt, und das in einer Form, die für lange Zeit kulturstiftend wurde. Sakraler Kirchenbau, christliche Kunst und geistliche Musik prägten für die nächsten 1500 Jahre die europäische Kultur.

Nachdem das Christentum aus dem Untergrund in die offizielle Anerkennung kam, Organisationsstrukturen und Ämter entwickelte, folgte zweifellos auch eine Art „Veralltäglichung" der ursprünglichen religiösen Impulse. Der Weg von der im selben Jahrhundert noch verfolgten religiösen Bewegung hin zur Staatskirche war kein ungefährlicher. Die Kirche war nach der Konstantinischen Wende erst dabei zu lernen, mit der neu gewonnenen Macht und Freiheit umzugehen. Angeregt durch die prachtvollen Kirchenbauten, die Kaiser Konstantin selber errichten ließ, wurden zunehmend Elemente des römischen oder mehr noch des byzantinischen Kaiserkults in die Liturgie übernommen. Die Übertragung des kaiserlichen Hofzeremoniells betraf auch die Rolle des Bischofs, der in den großen Basiliken einen Thron bekam und den man mit Niederwerfungen und Weihrauch verehrte. Diese gesellschaftliche Aufwertung des Bischofs und seines Klerus wird anfangs manche befremdet haben. Unweigerlich vergrößerte sich damit – äußerlich betrachtet auf jeden Fall – die Distanz zum Evangelium, in dem Jesus auf dem Esel in Jerusalem einzieht und predigt, dass die Letzten die Ersten sein werden. Es war schlichtweg Zeit für neue Heilige: die Zeit der Bekenner, wie man sie nannte, nach der Zeit der Märtyrer.

DIE GROSSEN ASKETEN

Der erste war kein Geringerer als der Vater der Mönche, Antonius von Ägypten († 356), der sich schon im 3. Jahrhundert völlig in die ägyptische Wüste zurückzog, um in radikaler Konsequenz das Evangelium zu leben, wo es heißt: „Wenn du vollkommen sein willst, dann verkaufe alles, was du hast, und gib es den Armen." (Mt 19,21) und „Sorget euch nicht um den morgigen Tag, denn der morgige Tag wird für sich selbst sorgen." (Mt 6,34). Die ägyptischen Wüstenväter waren eine Art religiöser Abenteurer, die mit einigem Mut in dieser völlig reduzierten Form ein spirituelles Leben streng nach dem Evangelium führten. Auf die Märtyrer hin betritt nun ein neuer Typ des geistlichen Menschen die Bühne der christlichen Geschichte: der „Gottesmann" (vir dei), der in freiwilliger Form auf alles verzichtet, um ganz nur für Gott da zu sein. Das spirituelle Leben in völliger Weltabgewandtheit und radikaler Askese wurde zum Prototyp der neuen Heiligen, der sogenannten Bekenner.

Es wäre aber ein historischer Irrtum zu glauben, dass es nur Gottesmänner gegeben hätte. Schon neben den Wüstenvätern gab es in den Wüsten von Ägypten, Syrien und Palästina auch Wüstenmütter, die ein strenges asketisches Leben führten, eine selbstbewusste asketische Frauenbewegung bereits im frühen Christentum. Prägender vor allem im Westen wurde die „Dienerin Gottes" (famula dei), die als Frau niemand anderem dient als Gott. Die Askese dieser Gottesfrauen bestand zuerst einmal in ihrem Gelübde zur Jungfräulichkeit. Heute ist man geneigt, solche Dinge vor allem sexualmoralisch zu sehen, doch dieses Gelübde war eher eine Form der weiblichen Emanzipation. Üblicherweise wurden junge Frauen nach der Pubertät unabhängig vom eigenen Wollen von ihren Eltern in eine Ehe versprochen. Auch die Existenz einer römischen Ehefrau war weit entfernt von einer selbstbestimmten Lebensweise. Der fast aufrührerische Verzicht auf die Ehe war damit ein radi-

Der Asket Antonius in seinem Baumstumpf, während sich seine Versucher in skurrilen Gestalten rüsten. Gemälde im Prado-Museum in Madrid von Hieronymus Bosch, nach 1500

kaler Ausbruch aus familiären Zwängen und einengenden Traditionen. Als Dienerin Christi wird sie unabhängig von den vorgegebenen weiblichen Rollenzwängen. Das Keuschheitsgelübde im Namen Christi kommt damit einer Art weiblicher Unabhängigkeitserklärung gleich. Diesen selbstbewussten Akt der weiblichen Eigenständigkeit aus dem christlichen Glauben heraus gab es schon bei frühchristlichen Frauen, die deshalb das Martyrium erleiden mussten. Das Thema findet sich auch in vielen weiblichen Heiligenlegenden des Mittelalters von der heiligen Barbara bis zur heiligen Kümmernis. Immer wieder geht es um selbstbewusste Frauen, die sich in Christi Namen weigern, den Mann zu heiraten, den der Vater für sie ausgesucht hat.

MARTIN VON TOURS

Der Impuls der Wüstenväter des Ostens kam in die westliche Kirche durch Martin von Tours, dem bedeutendsten Heiligen in der kirchlichen Übergangsphase hin zur Staatsreligion. Martin war der erste Heilige, der kein Märtyrer mehr war. Er war der erste eigentliche Bekenner, der heute, abgesehen von der Mantelteilung, weitgehend nur noch über Gänsebraten und Faschingsbeginn wahrgenommen wird. Im 4. Jahrhundert entwickelte sich aus den Wüstenvätern das Zönobitentum, indem Einsiedler begannen, gemeinsam unter einem Dach zu leben, jeder für sich und doch in Gemeinschaft. Diese Lebensform brachte Martin in den lateinischen Westen und sie muss ausgestrahlt haben. Er blieb nämlich als Einsiedler nicht lange allein, vielmehr scharten sich immer mehr Brüder um ihn und das erste westliche Kloster entstand. Ein asketischer Gottesmann wie Martinus stellte einen anziehenden Gegenpol dar im Zuge der Etablierung der Kirche. Das Volk wollte ihn als Bischof auch gegen den Willen anderer Bischofskollegen, die ihn des Amtes für nicht würdig hielten. Man brachte sein unansehnliches Äußeres ins Spiel, seine armselige Kleidung und das ungepflegte Haar. Einen Eremiten in einem Amt, das zunehmend den Reichsbeamten des römischen Kaiserreichs gleichgestellt wurde, konnten sie sich nicht vorstellen. Als radikalasketischer Bischof war er die leibhaftige Infragestellung seiner eigenen der Macht angepassten Kollegen.

Der heilige Martin als Ritter auf dem Pferd bei der Mantelteilung. Bemalte Kassettendecke in Nenzing-Beschling von Christian Lutz, Ende des 17. Jahrhunderts

Martin von Tours faszinierte das gläubige Volk wegen der konsequenten Lebensweise, seiner Ausstrahlung und Glaubwürdigkeit und nicht zuletzt, weil er in seiner Art, den Glauben zu leben, eben kein Repräsentant der aufkommenden kirchlichen Elite war. Die Aristokratisierung der Heiligengeschichten erfolgte erst im Frühmittelalter unter den Merowingern. Von da an ist es für lange Zeit die vornehme Geburt, die fast als Voraussetzung für Heiligkeit angesehen wurde, und von da an mehren sich die vielen adeligen Heiligen. Nach den Märtyrern waren es aber zuerst die asketischen Männer und Frauen, die gerade vom Volk als heilig verehrt wurden. Sie waren für das Volk nicht unbedingt Vorbilder, die man nachahmen wollte, sondern eher bewunderte Nachahmer des Evangeliums, die man verehrte – und das manchmal sicher auch im widerständigen Kontrast zur zunehmend sich etablierenden Kirche.

DIE VERMITTLUNG ZWISCHEN HIMMEL UND ERDE

Bei den Märtyrern ging man schon wegen der erlittenen Qualen und des gewaltsamen Todes im Namen Christi davon aus, dass sie nach ihrem Tod im Himmel seien. Dieselbe Annahme wurde auf die Bekenner übertragen, die neuen Gottesmänner und Gottesfrauen, die wegen ihrer asketischen Leistungen den sicheren Platz im Himmel haben. Die Lebensgeschichte des Martin von Tours zeigt, wie er als asketischer Gottesmann in Abhebung von etablierten Würdenträgern für das Volk schon zu Lebzeiten zum Berater und Heiler wurde. Warum sollte er das nicht auch nach seinem Tod sein?

In diesem Sinn wurden die Heiligen zunehmend zu einer Brücke vom Diesseits zum Jenseits, vom realen ins himmlische Leben. In den orthodoxen Kirchen stehen auf Augenhöhe zuerst einmal eine ganze Reihe heiliger Frauen und Männer, bevor meist hoch über ihnen die biblischen Geschichten folgen und dann quasi im Himmel die Gottesmutter und Christus als Weltenherrscher. Schon in der spätantiken Kaiserzeit ist das Christusbild, das Bild des menschgewordenen Gottes, derart in die herrscherliche Höhe entrückt worden, dass ein Bedürfnis nach Vermittlung entstand, und in diese Rolle rückten die Heiligen. Was immer alles mit hineinspielte, dass man nicht mehr den Vater im

Himmel direkt um etwas bat, rückten die Heiligen in ihren vermittelnden Rollen zwischen Himmel und Erde zu Fürsprechern der Menschen auf. Vielleicht war dem gläubigen Volk auch der abstrakte Gott der Theologen zu abgehoben. Jedenfalls wandte man sich mit den persönlichen Anliegen zunehmend an nahestehende Heilige mit der Bitte, dass sie in eigener Sache im Himmel Fürsprache halten mögen. Entsprechend den überhöhten Heiligenlegenden traute man ihnen auch in der himmlischen Vermittlung einiges zu.

Die Vermittlungsinstanz der Heiligen wurde von den Reformatoren gänzlich in Frage gestellt und im Evangelium ist auch kaum etwas davon zu finden. Vielleicht ist die menschliche Natur auf Dauer nicht immer so ‚stramm', wie es der biblische Glaube fordern würde. Spirituelle Krücken scheinen da manchmal eine willkommene Hilfe zu sein. Und so bevölkern zunehmend die katholischen und orthodoxen Kirchen ganze Scharen von Heiligen. Die Auswahl ist wirklich groß, die den Gläubigen zur Verehrung angeboten wird, bzw. die die Gläubigen von sich aus schufen. Die Heiligenverehrung zeigt, wie stark die Volksreligiosität das Glaubensleben bestimmte, nicht selten mehr als die hohe Lehre. Aus der großen Schar von Heiligen, aus Namen und Bildern war es möglich, die persönliche Bezugsperson zu wählen, an die man sich mit den innersten Anliegen oder auch dem persönlichsten Schmerz wenden konnte.

Muss man als Christ an solche Dinge glauben? Die evangelischen Kirchen lehnen die Heiligenverehrung grundsätzlich ab. Das Lehramt der katholischen Kirche hält die Frage offen, verpflichtet aber nicht. Zum einen dürfen die Heiligen verehrt und zum eigenen Nutzen angerufen werden. Zum anderen gibt es keine Pflicht zur Heiligenverehrung und sie ist auch nicht heilsnotwendig. Ob sie trotzdem heilsam sein kann, ist vermutlich keine theoretische Frage, sondern eine der gelebten Praxis.

Allerdings wäre es unhistorisch, die Verehrung der Heiligen mitsamt ihrem Reliquienkult nur als Angelegenheit der Volksreligiosität zu sehen. Die größten Reliquiensammler waren Päpste, Kaiser, Bischöfe, Fürsten und nicht zuletzt auch Hildegard von Bingen mit ihrer ansehnlichen Sammlung. Alles zusammen als „Religion des katholischen Pöbels" abzutun, wie man es bei protestantischen Autoren lesen konnte, greift geschichtlich zu kurz. Sie ist kein verpflichtender Bestandteil des katholischen Glaubens, aber sie war jahrhundertelange offizielle Praxis der katholischen Kirche und ist es heute noch. Von keinem Katholiken ist allerdings verlangt, diese Praxis zu teilen.

DIE PRAXIS DER HEILIGSPRECHUNG

Bis ins hohe Mittelalter hatte im Grunde das Volk für sich entschieden, wen es für heilig hält. Als ‚heilig' galt schlichtweg, wer als heilig verehrt wurde. Martin von Tours erfuhr nie eine Art von Heiligsprechung und doch wurde er sofort nach seinem Tod nicht nur vom Volk, sondern auch von der Amtskirche als Heiliger verehrt. Die vermutlich erste formelle Heiligsprechung durch einen Papst betraf Ulrich von Augsburg am Ende des 10. Jahrhunderts. Doch auch hier hinkte die amtliche Kanonisierung nur nach, da er bereits kurz nach seinem Tod 973 als „sanctus" bezeichnet und entsprechend verehrt wurde. Die Grabstätte, die er noch selber in Auftrag gab, wurde unmittelbar nach seinem Tod zum Wallfahrtsort für viele Gläubige. Die päpstliche Heiligsprechung erfolgte erst zwanzig Jahre später im Rahmen einer Synode im Lateran; wobei keine originale Urkunde mehr erhalten ist.

Ab dem 12. Jahrhundert wurde der Papst – offiziell zumindest – allein zuständig für Heiligsprechungen. Innozenz III. nahm um 1200 vermutlich erstmals diese generelle päpstliche Vollmacht in Anspruch. Dazu wurde ein eigenes Verfahren entwickelt mit einem Fürsprecher (advocatus dei = Anwalt Gottes) und einem Gegensprecher (advocatus diaboli = Anwalt des Teufels). Die Päpste des Mittelalters handhabten das Instrument der Heiligsprechung sehr restriktiv. Während die römische Kurie im Mittelalter nur 79 Personen offiziell heiligsprach, brachte die Volksfrömmigkeit gleichzeitig hunderte neuer Heiliger hervor auch ohne päpstliche Beteiligung. Insofern ist es sicher richtig, dass die Heiligenverehrung in der katholischen und orthodoxen Kirche immer auch einen volkstümlichen Anteil hatte.

Um die barocke Flut der Heiligen- und Reliquienverehrung zu regulieren, schuf Urban VIII. im Jahr 1634 ein neues, strengeres Verfahren zur Heiligsprechung (Kanonisierung), das entsprechende Wartezeiten und nachgewiesene Wunder verlangte. Das quasi erste Opfer dieser Neuregulierung war Fidelis von Sigmaringen; die bereits bevorstehende Heiligsprechung des Kapuzinerguardians aus Feldkirch verzögerte sich damit um Jahrzehnte. Nach dem Zweiten Vatikanischen Konzil versuchte man den Heiligenkalender nach modernen Maßstäben auszuräumen. Heilige, deren Existenz historisch nicht nachweisbar ist, wurden aus dem Kalender entfernt; darunter auch so prominente und beliebte Nothelfer wie Barbara, Christophorus oder Katharina von Alexandrien. Aber auch hier hatte die Volksfrömmigkeit den längeren Atem, da diese Heiligen de facto heute unverändert verehrt werden und auch in den liturgischen Büchern wieder aufscheinen. Papst Benedikt XVI., der in solchen Fragen weniger rigoros war, erlaubte dem deutschen Verband der Straßenwärter immerhin wieder die Verwendung des heiligen Christophorus als Patron des Berufsstandes[7].

Heute setzt der Heiligsprechungsprozess in der Regel eine formelle Seligsprechung voraus. Bei allen Kandidaten, die keine Märtyrer waren, ist der Nachweis von Wundern gefordert. In den Kanonisierungsverfahren der Neuzeit werden die angezeigten Wunder von unabhängigen Fachleuten untersucht. Verstorbene, die in den offiziellen Kanon aufgenommen wurden, dürfen weltweit als Heilige verehrt werden, während Selige solche sind, deren Verehrung auf eine bestimmte Region begrenzt ist (z. B. der Selige Carl Lampert für Vorarlberg). Mit der Kanonisation erlangen sie den Titel „Sanctus", dürfen bildlich mit Heiligenschein (Nimbus) dargestellt und in Mess- und Gebetsbüchern verehrt werden. Darüber hinaus dürfen ihnen Kirchen, Kapellen und Altäre geweiht und sie können zu Patronen für Länder, Diözesen oder besondere Anliegen ernannt werden. Diese Vorschriften zeigen, dass die Verehrung der Heiligen primär aus der religiösen Praxis stammt und die Amtskirche eher regulierend tätig war. Dass vielfältige Auswüchse im Mittelalter und Barock solcher eindämmenden Regularien bedurften, steht außer Frage.

RELIQUIEN UND RELIQUIENKULT

Eine sichtbare Manifestation der christlichen Heiligenverehrung ist der Reliquienkult, auch wenn es eine Verehrung von „Überbleibseln" (lat. reliquiae)

---

7   Vgl. www.heiligenlexikon.de/BiographienC/Christophorus.htm

auch in außerchristlichen Religionen gibt. Reliquien sind Überreste (vor allem Gebeine) von Heiligen oder Seligen und im weiteren Sinn auch alle Dinge, die sie in ihrem Leben benutzten (Kleider, aber auch Marterwerkzeuge) bzw. auch Dinge, die mit den verstorbenen Leibern in Kontakt kamen (sogenannte Berührungsreliquien, meist Tücher). Schon in der Apostelgeschichte (19,12) wird berichtet, wie dem Apostel Paulus die Schweißtücher weggenommen wurden, um sie Kranken aufzulegen.

Galt die Verehrung der Gräber ursprünglich als heidnisch, kam im Laufe des 2. Jahrhunderts mit der Märtyrerverehrung die Verehrung ihrer Reliquien auf und diese erfolgte vorerst an den Grabstätten der Märtyrer außerhalb der Stadtmauern. Für die Römer galt die Regel, dass Verstorbene nur außerhalb der Stadtmauern bestattet werden durften; was vermutlich schon aus hygienischen Gründen Sinn machte. Die Stadt Rom wurde auf urzeitlichen Lavamassen erbaut. Damit war es kein Problem, außerhalb der Mauern in den vergleichsweise weichen vulkanischen Tuffstein riesige Grabanlagen hineinzuschneiden, die sogenannten Katakomben.

Entgegen manchen Rom-Mythen sind die Katakomben nicht von frühen Christen während der Verfolgung gegraben worden. Sie sind zuerst einmal nichts anderes als die offiziellen Grabstätten der riesigen Weltstadt Rom, die in der Spätantike über eine Million Einwohner hatte. Relativ mühelos konnte man die benötigte Grabanlage Gang für Gang, Etage für Etage immer weiter und tiefer in den Tuffstein hineinschneiden. Bestattet wurde meist ohne Sarkophage, die in Tücher gewickelten Leichname wurden in Steinbetten gelegt. Wenn im Hollywood-Film „Quo vadis?" Petrus in den Katakomben hunderten von Gläubigen eine Predigt hält, dann sind das Bilder, die der dortigen Realität nicht standhalten. Die Katakomben waren ‚lebendig', da wuselte es nur so unter den verwesenden Leibern und die dazugehörige Geruchskulisse will man sich lieber gar nicht vorstellen. Größere Räume gab es höchstens im Eingangsbereich der Katakomben, danach kam ein finsteres, labyrinthisches System von kilometerlangen Gängen, in dem sich nur die professionellen Bestatter auskannten.

Die frühen Christen sahen im Grab gleichzeitig die Stätte der künftigen Auferstehung. Von den Märtyrern nahm man an, dass sie bei der Wiederkunft des Herrn als Erste auferstehen werden, womit ihre Grabstellen zu besonderen Orten wurden, die man schon früh verehrte. Seit Anfang des 2. Jahrhunderts wurde unterhalb der Peterskirche, genauer gesagt unter dem jetzigen Papstaltar, die Grabstätte des Petrus verehrt. Da man ein Stück weit zumindest immer noch auf die baldige Wiederkunft des Herrn hoffte, wurde es attraktiv, in der Nähe von prominenten Märtyrern begraben zu sein. So ließ sich Constantia, die Tochter Kaiser Konstantins, neben der Grabstätte der heiligen Agnes ihr eigenes stattliches Mausoleum bauen. Abgesehen von San Giovanni im Lateran, dem von Konstantin erbauten „Haupt und Mutter aller Kirchen", entstanden die weiteren frühchristlichen Basiliken über berühmten Märtyrergräbern wie Alt-St. Peter bzw. eben ‚außerhalb der Mauern' (it. fuori le mura) wie St. Paul vor den Mauern, St. Agnes vor den Mauern oder St. Lorenz vor den Mauern. Es waren riesige Memorialkirchen, die errichtet wurden zur Verehrung der dort bestatteten Märtyrer; und vermutlich auch in der Erwartung ihrer baldigen Auferstehung im nahenden Ende der Zeiten.

Schon für die Römer war es üblich, sich zum Gedenken der Verstorbenen an den Gräbern zu treffen. Dieser Brauch wurde von den frühen Christen übernommen und so traf man sich bei den Gräbern, um Eucharistie zu feiern und miteinander zu essen und zu trinken. Anfangs gehörten diese beiden Dinge zwingend zusammen, zumal in der an den Gottesdienst anschließenden Agape auch die Armen der Gemeinde mitversorgt wurden. Gerade während der Christenverfolgungen traf man sich an den Gräbern von Märtyrern, deren Jahrestag man kannte. Heilige feiert man grundsätzlich an ihrem Todestag, dem Geburtstag ihres neuen Lebens im Himmel. Traf man sich also an einem solchen Tag an den Gräbern, konnte man sicher sein, andere Christen zu treffen, und fiel auch nicht auf, weil solche Totenfeiern üblich waren bei den Römern. Die Reste von großen Umlaufbasiliken an den Märtyrergräbern in Rom zeugen von solchen Bräuchen noch nach der Konstantinischen Wende. Zeitgenössische Hinweise deuten darauf hin, dass es beim gemeinsamen Essen und Trinken dann aber auch zunehmend ausgelassen zuging.

Zu Beginn des 6. Jahrhunderts drehte sich der Brauch und zunehmend wurden die Gebeine der Märtyrer in feierlicher Erhebung und Translation von den Katakomben in die Kirchen der Stadt gebracht, wo sie unter oder in den Altären beigesetzt wurden. Während der Wirren der Völkerwanderung

Mit einer Prunkrüstung geschmückte Reliquie des Katakomben-Heiligen Pankratius in Wil (SG)

war man bemüht, möglichst alle Gebeine aus den Gräbern vor den Stadtmauern in die Kirchen der Innenstadt zu bringen. Das Pantheon in Rom, das am besten erhaltene antike Monument der Stadt, verdankt seinen Erhalt ebenfalls dieser Entwicklung. Papst Bonifatius IV. weihte 609 das ehemalige Heiligtum aller römischen Götter um in eine Kirche „Santa Maria ad Martyres", womit der weitere Bestand des ursprünglich heidnischen Tempels gesichert war. Gleichzeitig, so belegen es Schilderungen, wurden Wagenladungen voll Märtyrergebeine in die Innenstadt gebracht und im ehemaligen Pantheon feierlich bestattet.

Aus dieser Entwicklung entstanden der Brauch und später die Vorschrift, jeden Kirchenaltar mit einer eingemauerten Reliquie auszustatten, was grundsätzlich bis heute gilt. Darum heißt es auch, dass die Kandidaten bei Heiligsprechungen „zur Ehre der Altäre erhoben" werden. Je mehr Kirchen in der Folgezeit gebaut wurden, umso mehr stieg allerdings der Bedarf nach Reliquien. Der theologische Hintergrund zur Vermehrung der Reliquienbestände wurde schon früh geschaffen. Zum einen ging man davon aus, dass auch den Leibern der Gerechten eine Kraft innewohne, eine Kraft (griech. dynamis), die noch in den kleinsten Teilchen steckte. Damit war die Grundlage geschaffen für eine breite Verehrung von Reliquien. Man ging nämlich davon aus, dass jeder Teil dieselbe Wirkung hat wie das Ganze, und damit konnten die Reliquien nach Bedarf zerteilt werden; wobei die Praxis dieser Zerteilung manchmal keine Grenzen kannte.

Die Begehrlichkeit nach Reliquien, denen zunehmend auch besondere Wirkungen zugesprochen wurden, förderte natürlich auch den Handel mit Reliquien. Hier ist die Amtskirche von Anfang an rigoros, aber nicht immer erfolgreich dagegen eingeschritten. Unter Kaiser Theodosius wurde 386 schon erlassen, dass der Verkauf von Märtyrergebeinen verboten sei, und das zieht sich durch bis ins moderne Kirchenrecht, das den Handel mit Reliquien immer noch verbietet. Trotz der amtlichen Versuche der Eindämmung und Regulierung wurde mit der Reliquienverehrung ein Kult geschaffen, der gleichsam von oben vorgemacht und von unten getragen manchmal keine Grenzen mehr kannte. Die Christianisierung Europas im Frühmittelalter war begleitet von vielfältigen Reliquientransporten bis hin zu den schon erwähnten Katakomben-Heiligen des 16. Jahrhunderts. Im gotischen Spätmittelalter und dann nochmal in der Barockzeit wucherten Reliquienkulte mit den kuriosesten Blüten. Von Maria, der Mutter Gottes, verehrte man die Milch (Liebfrauenmilch), ebenso den Ehering, Schleier, Gürtel und Kamm; oft gab es sogar mehrere Wallfahrtsorte, die sich im Besitz der Reliquie wähnten. Von Jesus selber konnte es nach der Himmelfahrt keine Primärreliquie mehr geben, bis ein paar fragwürdig fromme Gemüter sich über die bei der Beschneidung verbliebene Vorhaut Gedanken machten. Zeitweise soll an bis zu dreizehn Orten das „sanctum praeputium", die hochheilige Vorhaut Christi verehrt worden sein und angeblich gab es sogar einen Wallfahrtsort, an dem eine Klaue vom Lamm Gottes verehrt wurde.

Über all diese Auswüchse zu spötteln, gerade auch dort, wo der Glaube bereits die Grenze zum Aberglauben überschritten hat, ist ein Leichtes. Wo die Menschen glauben, Krücken zu brauchen, werden sie manchmal über alle Maße erfinderisch bis hin zum Stupiden. Alle wollen gleichsam ein Stück vom Kuchen für sich, am liebsten zum Einstecken, und das ist heute nicht viel anders. Das Handyfoto ist die pflegeleichtere Variante der ehemaligen Reliquien. Selbst erlebt: Nach einer feierlichen Papstmesse im Petersdom steigen beim Auszug auch noch die frömmsten Mitfeiernden auf ihren Stuhl, um ja ein gutes Handybild vom Papst mit nach Hause zu bringen oder die digitalen ‚Friends' damit zu beglücken. Als ob alles nichts wert wäre, wenn es nicht eigenhändig digital verewigt ist. Ein Selfie mit dem Papst wäre dann fast schon der Erweis der zugesicherten Erlösung wie früher bei den Märtyrern.

DIE LEBENSFORM DER HEILIGENVEREHRUNG

Es ist ein Leichtes, ganze Bände zu füllen mit den kuriosesten Auswüchsen der katholischen (oder orthodoxen) Heiligenverehrung[8]. Ein noch Leichteres ist es, unter dem Vorwand der Auswüchse gleich das Kind mit dem Bade auszuschütten, wie es schon die Humanisten versucht haben. Manchmal ist es fast verwunderlich, welche Angriffe das Kind im Bade schon überlebt hat. Aufgeklärte Skeptiker werden darin allerdings nur einen Beweis für die Beharrlichkeit des menschlichen Geistes im Irrtum sehen.

Heute wird wieder gepilgert und angesichts des gegenwärtigen Reisebooms kommen auch religiöse Wallfahrtsstätten erneut in die Programme. Als Beweis für irgendetwas kann das noch nicht gelten, denn profane Wallfahrtsstätten schießen ebenso aus dem Boden wie Pilze; man kann sogar Whiskey-Wallfahrten nach Schottland buchen. Zur Unterscheidung helfen nur ein vertiefter Blick in die religiöse Lebensform der Heiligenverehrung und theologische Kriterien zur Abgrenzung gegenüber abergläubischen bis pathologischen Praktiken einerseits und völlig profanierten Formen andererseits; nicht jede Wallfahrt ist schließlich eine gelebte Praxis.

Während der letzten Wellen grausamer Christenverfolgung wurde die Verehrung der Märtyrer zu einer gemeinsamen Praxis der Christen, die gleichzeitig Mut machen sollte und nicht zuletzt dem Durchhalten in schweren Zeiten diente. Diese Realität veränderte sich mit der Konstantinischen Wende schlagartig. Mit der neu ermöglichten Freiheit entstand die Notwendigkeit, eine gemeinsame, öffentliche religiöse Praxis zu finden. Aus den zeitgenössischen Schriften des Eusebius von Cäsarea geht hervor, dass es bis dahin unter den Christen in den unterschiedlichsten Gegenden des großen Römischen Rei-

---

8 Vgl. z. B.: Herrmann: Lexikon der kuriosesten Reliquien

ches verschiedenste religiöse Bräuche gab. So kommt es im 4. Jahrhundert zu einer Vereinheitlichung der religiösen Praxis, die zuerst einmal darin bestand, dass die Gottesdienste in den neu entstehenden öffentlichen Kirchen stattfanden und sich dafür bestimmte Rituale und Abläufe durchsetzten. Pate hierfür stand zweifellos in manchem das oströmische Palastritual des byzantinischen Hofes. Im Zuge dieser Wende wurde auch die Heiligenverehrung zu einem offiziellen Teil der religiösen Praxis, zumal das Gedenken an die verstorbenen Märtyrer noch aktuell präsent war. Spätestens als ab dem 6. Jahrhundert die Gebeine der Märtyrer unter den Altären der Kirchen ihren Platz fanden, war die Verehrung der Reliquien ein zentraler Teil der kirchlichen Praxis.

Die Lebensbeschreibung des heiligen Martin, die zu seinen Lebzeiten im 4. Jahrhundert entstand[9], zeigt aber noch einen ganz anderen, sehr persönlichen Zug. Schon zu Lebzeiten dieses im Volk so beliebten Bischofs sind Menschen mit ihren persönlichen Sorgen und Nöten zu ihm gekommen mit der Bitte um Heilung. Man muss die Wundererzählungen des Sulpicius Severus nicht alle wortwörtlich nehmen, aber da hat sich schon etwas getan, und zwar sowohl zu Lebzeiten wie auch später an seiner Grabstätte. Die Naherwartung des frühen Christentums (Parusie), die Annahme der baldigen Wiederkunft Christi und damit des Endes der Zeiten, war im 4. Jahrhundert bereits dem religiösen Alltag gewichen. Dennoch blieb die religiöse Begeisterung und mit ihr verbunden die Suche nach Heil, die sich zunehmend in den individuellen Nöten der Menschen manifestierte.

Aus diesen Bedürfnissen speiste sich die neu entstehende Lebensform der Heiligenverehrung. Durch die religiöse Begeisterung, die persönliche Sehnsucht nach Heil und den Wunsch nach Formen der religiösen Praxis wurden aus den Märtyrern und Bekennern nicht nur beeindruckende Zeugen des Glaubens, sondern zunehmend Fürsprecher und angerufene Helfer in persönlichen Nöten. Und offensichtlich halfen sie auch; was soweit unbestreitbar ist. Eine Untersuchung von 5000 Wunderberichten des Mittelalters hat diesbezüglich ein interessantes Ergebnis zu Tage gebracht: Dem Adel wurden hauptsächlich die Strafwunder und dem Klerus die Visionen zuteil. „Die Heilungen aber geschahen zu 80 Prozent am einfachen Volk und die Frauen

---

9 Vgl. Severus, Vita Sancti Martini

hatten daran den höchsten Anteil."[10] Dieses Ergebnis rückt auch die Frage der Volksreligiosität nochmal in ein anderes Licht.

„Bittet und es wird euch gegeben; sucht und ihr werdet finden; klopft an und es wird euch geöffnet!" (Mt 7,7) Das Bitten und Anklopfen ist auf jeden Fall im Evangelium begründet. Klar ist auch, dass Christus dieses Angebot auf sich, den Vater oder den Beistand, den Heiligen Geist bezog und keinesfalls auf Heilige oder gar deren Reliquien. Man kann viel darüber spekulieren, warum irgendwann Christen sich mit ihrem Bitten und Anklopfen nicht mehr an Gott bzw. eine der drei göttlichen Personen wandten, sondern zunehmend Märtyrer und Bekenner als himmlische Fürsprecher und Helfer wählten. Vielleicht trauten sie sich über diese Mittler eher, vielleicht waren sie ihnen mit ihren Geschichten aus dem eigenen Leben näher, vielleicht auch populärer, nahbarer oder auch verfügbarer. Vielleicht ließen sie mehr Platz für Phantasien, vielleicht mehr Raum auch für Unsicherheiten, für möglicherweise kleinliche Anliegen, für allzu Menschliches.

Unmittelbar einsichtig scheint die Mittlerfunktion der Heiligen in der Marienverehrung. Dass Frauen mit ihren spezifisch weiblichen Sorgen und Nöten bei der Mutter Gottes mit ihrer eigenen sorgenvollen Muttergeschichte eine direktere Ansprechpartnerin fanden, ist mehr als nachvollziehbar. Die hohe Theologie mag beklagen, dass man sich nicht mehr an den Schmied wandte, sondern an den Schmiedle, nicht mehr an Gott selber, sondern an Heilige. Vielleicht hat die Theologie aber auch ihrerseits einiges dazu beigetragen, dass aus dem durchaus nahbaren Schmied des Evangeliums etwas wurde, das nicht mehr unmittelbar erreichbar zu sein schien. Christus wird immer mehr zum entrückten kaiserlichen Herrscher, von himmlischem Hofstaat umgeben, und ist damit keiner mehr, bei dem man sich so einfach anzuklopfen getraut. Fakt ist und bleibt, dass aus der Heiligenverehrung eine neue christliche Lebensform entstand, die in vielen Farben schillern mag, für viele Menschen über Jahrhunderte aber auch eine heilsame war.

Grenzziehungen zu abergläubischer Praxis sind theologisch durchaus möglich. Angesichts der vielfältigen Auswüchse des Reliquienkults ist die Grenze einmal dort zu ziehen, wo Reliquien nicht mehr Element einer umfas-

---

10 Angenendt, S. 193

Sowohl die Mutter Gottes wie auch die weiblichen Nothelferinnen (hier Katharina und Barbara) waren in besonderer Weise Ansprechpersonen für Frauen. Gemälde von Bernardino Luini, zwischen 1522 und 1525

senden Lebensdeutung sind, sondern es zu einer magischen Verdinglichung kommt. Wenn Reliquien zum Fetisch werden, beginnt der Missbrauch, den es auch vielfach gegeben hat. Wenn die Hinwendung an die Heiligen nicht mehr offen ist, sondern eine unmittelbare Verfügbarkeit suggeriert und eine falsche Heilssicherheit versprochen wird, beginnt ein schändlicher Handel mit den Sorgen und Nöten von Menschen. Wenn das Sammeln von Reliquien die Haltung vermittelt, dass es die Menge der verschiedenen Knochen ausmacht, ist der spirituelle Kern dieser Lebensform verloren gegangen. Dann wird aus der Verehrung eine Anbetung (Idolatrie), eine „abergläubische Materialmagie"[11]. Hier hat die Kirche offiziell immer eine klare Linie gezogen, auch wenn sich genügend hohe Würdenträger selber nicht daran gehalten haben. In den Reliquien hat man eine Art virtuelle Präsenz der Heiligen gesehen. Wenn aber jemand glaubt, man habe noch mehr Heilige anwesend, je mehr Gebeine man versammelt, dann wird es zu einem verdinglichten Heilsversprechen.

Bei allen unterhaltsamen Elementen, die in der Heiligenverehrung mit im Spiel waren, vom Heldenkult bis zum Nervenkitzel, als religiöse Lebensform kann sie sich nicht nur auf sich selber beziehen; da wäre dann der Unterschied zur modernen Unterhaltungsindustrie nicht mehr groß. Im Kern ist es eine Lebensform, die eine Brücke von der Erde zum Himmel baut, von den Sorgen, Ängsten und Nöten der Menschen zu Gott, auch wenn helfende Mittler dafür beansprucht werden. Letztlich ist es der praktizierte Glaube, der hilft, und nicht der Knochen.

---

11 Stock, Poetische Dogmatik, S. 20

SCHUTZ – HILFE – WUNDER

PATRONATE

Suchte man bei den Heiligen vorerst ihre Fürsprache, wurden sie zunehmend selbst zu unmittelbaren Helfern. Man wandte sich in Nöten an Heilige, nicht mehr nur damit sie beim Vater im Himmel vorstellig, sondern damit sie als Heilende selber tätig werden. Mit einer gewissen Systematik teilte man ihre besonderen Zuständigkeiten ein und so entstanden die vielen Patronate, nach denen Heiligen besonderer Schutz oder Heilkraft zugesprochen wurden. Die volkstümliche Predigt ging davon aus, dass Gott den Heiligen jeweils ein „privilegium dignitatis" verleiht, eine Schutzgewalt für besondere Gruppen oder Anliegen. So wusste man genau, an wen man sich in welchem Anliegen wenden konnte. War man sich in einem komplexen Fall nicht ganz sicher, waren später die Vierzehn Nothelfer zweifellos die eleganteste Lösung.

Das Patronatswesen kam bereits im 4. Jahrhundert auf (Ambrosius von Mailand). Vorerst wurde einzelnen Heiligen vor allem die politische Schutzfunktion für Nationen, Bistümer, Kirchen und Städte zugesprochen. Frühestes Beispiel dieser fragwürdigen politischen Vereinnahmung ist wieder der heilige Martin, der zum Nationalheiligen der Franken aufstieg. Er wurde nicht nur bei Schlachten um Schutz und Hilfe angerufen, sondern seine Mantelhälfte wurde sogar als himmlische Standarte bei Kämpfen vorangetragen; die Mantelhälfte eines friedliebenden, menschenfreundlichen Asketen. Unter den Nothelfern hat es vor allem der heilige Georg zu politischer Prominenz gebracht als Patron des Byzantinischen Reiches, des englischen Königreichs, als Patron Georgiens, Äthiopiens, Griechenlands, Serbiens und noch einiger anderer europäischer Regionen und Städte.

*Barbara als Beschützerin der Bergleute in der Pfarrkirche
St. Johannes d. Täufer in St. Johann/Mayen, Rheinland-Pfalz*

BERUFSHEILIGE

Etwas später wurden Stände und Berufe bestimmten Heiligen zugeschrieben, unter deren besonderen Schutz man sich stellte. Vom jeweiligen Patron oder der jeweiligen Patronin erhoffte man sich aber nicht nur Schutz, sondern ihre jeweiligen Gedenktage waren gleichzeitig willkommene, feierliche Anlässe für die Berufsstände. Da ging es zweifellos auch um ein gewisses religiöses Vereinsleben. Der Alltag der Menschen war von Religion durchdrungen und damit war es naheliegend, in die beruflichen Verbände auch religiöse Elemente zu integrieren. Allerdings gab es auch eine Reihe von Berufen, die im Vergleich zu heute tatsächlich sehr gefährlich waren, und da spielte das Gebet und die Fürbitte mit dem Patronat eine große Rolle. Zwei der Nothelfer in nach wie vor gefährlichen Berufsfeldern haben sich bis heute gehalten. Im Umfeld des Autofahrens spielt der heilige Christophorus immer noch eine gewisse Rolle, vor allem aber ist die heilige Barbara im Bergbau eine bis heute zumindest rituell unbestrittene Beschützerin.

WETTERHEILIGE

Auffallend bei den Vierzehn Nothelfern sind die vielen Wetterregeln, die mit ihren Gedenktagen verbunden waren. Das sind einmal praktische Merksätze für Menschen, die mit dem Jahresablauf und seinen Bedingungen eng verbunden waren. Die Namenstage hatte man im Kopf oder wurde in den Gottesdiensten regelmäßig daran erinnert. Gerade im bäuerlichen Umfeld hing vom Wetter das Gedeih und Verderb ganzer Familien ab. Mit der Ernte im Herbst entschied sich, ob das Einkommen reichte oder ob die Familie über den Winter genug zu essen hatte. Diese Angewiesenheit auf das Wetter ist für uns kaum mehr nachvollziehbar. Inzwischen wird schon der Schnee in den Tourismusregionen künstlich produziert und gegen Blitz, Hagel, Donner, Brände und Überschwemmungen ist man zumindest versichert.

Die Menschen waren den Umständen des Wetters existenziell ausgeliefert und daraus wuchs das Bedürfnis nach Personen, die man um Schutz und Hilfe anrufen konnte, zuständige himmlische Ansprechpartner gleichsam. In der Antike war die Natur voller unterschiedlichster Götter, denen man einen gewissen Einfluss zutraute und die man mit Opfern und Gebeten für beeinflussbar hielt. Das Christentum aber hat die Natur radikal entgöttert, sodass sich die Frage stellte, wer denn jetzt im Notfall zuständig ist für Wetter, Ernte und Krankheiten. Nachdem Gott, der Herr, zumindest bildlich erhaben über allem thronte, wurde Petrus zum Schleusenwärter. Die Heiligen, die man um das Wetter anrufen konnte, sprangen gleichsam in die Bresche für die nicht mehr vorhandenen Naturgötter. Ihr tatsächlicher Einfluss auf das Wetter war vermutlich kaum die Frage, aber es tat der bäuerlichen Familie gut, spendete ihnen Trost und Zuversicht, wenn sie die Wetterfrage ihren himmlischen Fürsprechern anvertrauen konnten. Vermutlich war es in dieser Lebensform dann auch leichter, das unvermeidbare Gegebene als solches hinzunehmen.

PERSÖNLICHE HELFERINNEN UND HELFER

Ähnlich wie der Natur waren die Menschen dem Schicksal ihrer eigenen Gesundheit ausgeliefert. Allein die Pestwelle von 1347 bis 1352 forderte fünfzig Millionen Opfer und hat zwei Drittel der Bevölkerung Europas hinweggerafft. Darüber hinaus führte der Ausfall von Arbeitskräften zu Hungersnöten und vielen anderen Missständen. Ursachen waren die mangelnde Hygiene, unzureichende Abwasserentsorgung, auch Müllbeseitigung gab es kaum. Hinzu kamen der überall präsente Straßenschmutz und die Rattenplage. An wen sollte man sich da wenden?

Der Schweizer Arzt Luc Campana hat in seinem Nothelferbuch[12] eindrücklich die medizinische Faktenlage während der Zeit der Nothelfer-Verehrung dargestellt. Die volkstümliche Medizin war bis gegen Ende des 19. Jahrhunderts noch sehr geprägt von der antiken Medizin mit der Lehre von den vier Körpersäften (Hippokrates), den vier Temperamenten (Galenus) und auch der Astrologie. Ihre Hypothesen waren äußerst spekulativ und wurden gleichzeitig sehr dogmatisch vertreten. Der Unterschied zwischen Ärzten, Scharlatanen, Hellsehern und Wahrsagern war oft kaum auszumachen.

---

12 Campana, Die 14 Heiligen Nothelfer

Cyriakus heilt die Tochter des Diokletian. Bild im Hochaltar der Klosterkirche Saint Cyriaque in Altorf, Elsass

Akademische Ärzte, die ihre Ausbildung an den Universitäten bekamen, waren nur für den Adel und reiche Kaufleute finanzierbar. Für die einfachen Leute gab es bloß die Bader und Wundärzte – und Gott sei Dank die Nothelfer, möchte man dazusagen. Die „Chirurgie", was man eben darunter verstand, war bis Ende des 17. Jahrhunderts ein freies Gewerbe, denn die akademischen Ärzte waren nur Internisten. Die äußeren Leiden, die Wundbehandlung und blutige Eingriffe erforderten, überließen sie der Schar von Wund- und Schneideärzten aus den Zünften der Bader, Frisöre, Scharfrichter und Henker. Die akademischen Doktoren gaben höchstens die Anweisungen, die von den entsprechenden Handwerkern (Chirurgen) ausgeführt wurden. Für alle leichteren, äußeren Dinge waren vor allem die Bader zuständig, vom Zähne-Ziehen bis zu Aderlass, Schröpfen oder Einlauf. In diesem ganzen Bündel „niederer Ärzte" gab es außerdem unzählige Gaukeldoktoren, Quacksalber und Scharlatane, Betrüger ohne Ausbildung und Zulassung.

Nach seinem umfassenden Befund kommt der Arzt Luc Campana zum Schluss: „Was blieb unter solchen Umständen dem unwissenden Volk anderes übrig, als sich den Heiligen, das heißt der Gnade Gottes zu empfehlen, wenn es nicht in die Mühlen der Medizin und Kurpfuscherei geraten wollte? Man kann sich zu Recht fragen, welcher Glaube zweckmäßiger war: jener an die Medizin oder jener an die heiligen Nothelfer? Jedenfalls hatten die Menschen, die sich dem Himmel anvertrauten, bei denen keinerlei medizinische Eingriffe das Walten der heilenden Naturkräfte störten, oft die bessere Überlebenschance."[13] Der Glaube an die Nothelfer war also in vielen Fällen gesünder als die zeitgenössische Medizin. Dass darüber hinaus das religiöse Tun auch die eigene Körperabwehr stärkt, gilt inzwischen als erwiesen.

Für die Frauen kam noch das Thema Fruchtbarkeit und Geburt hinzu. Bis zur Entdeckung des Kindbettfiebers durch Ignaz Semmelweis 1847 starben auf Grund der hygienischen Verhältnisse manchmal bis zu 40 Prozent der Wöchnerinnen. Das Kinderkriegen, und damit die gelebte Sexualität, war ein lebensgefährlicher Akt. Im Mittelalter gab es noch die „weisen Frauen", meist Vertraute der Frau in der Gestalt der Hebamme, der Kräuterfrau und vereinzelt auch der Ärztin. Viele von ihnen überlebten aber die Hexenjagd zu

---

13 Campana, S. 353

Beginn der Neuzeit nicht bzw. führte der Hexenwahn dazu, dass dieser Stand suspekt und verdächtig gemacht wurde. Möglicherweise war die Verehrung der Vierzehn Nothelfer überhaupt eine Art Ruhepol gerade während der Zeiten des Hexenwahns. Jedenfalls ist es verständlich, dass Frauen sich für ihre Sorgen und Nöte weibliche Ansprechpersonen wählten. Neben der Mutter Gottes war es unter den Nothelfern vor allem die heilige Margareta, die bei schweren Geburten angerufen wurde, nicht zuletzt, weil sie einer späteren Legende nach unversehrt aus dem Leib eines Drachen befreit wurde; im Übrigen wieder ein Beispiel, welche Rolle die Geschichten spielten.

Unter den Vierzehn Nothelfern sind die drei Frauen Barbara, Katharina und Margareta zwar eine Minderheit, aber eine wirkmächtige. Im bairischen Sprachraum wurden sie häufig zusammengefasst zu den „drei heiligen Madln", einer Art „Mädchen-Gang, einem Heils-Trust, der für jeden Flehenden etwas zu bieten hat, eine Art Wunderwaffe gegen alles irdische Unheil".[14] Um zu wirken, mussten es nicht einmal Wunder sein. Es reichte oft schon, verlässliche Ansprechpersonen zu haben außerhalb des eigenen Beziehungsgeflechts, einen himmlischen Fokus, auf den Menschen ihre Sorgen richten konnten, in deren Anrufung man sich beruhigen und Trost finden konnte. Die himmlischen Fürsprecher stärkten das eigene Dasein und förderten nicht zuletzt die persönliche Beheimatung im irdischen Leben. Das Thema Wunder folgt sogleich, doch wäre es eine arge Verknappung, die Lebensform der Heiligenverehrung nur auf die Wunder oder deren Erwartung zu reduzieren.

DIE FRAGE NACH DEN WUNDERN

In Spanien zur Zeit der Inquisition kommt Jesus zurück auf die Erde. Das Volk erkennt ihn, aber auch der Kardinal-Großinquisitor, der ihn verhaften und einkerkern lässt. Es soll ihm nicht nochmal gelingen, die Menschen neuerlich mit seiner Freiheit zu überfordern und das Wirken der Kirche zu stören. In Dostojewskis Erzählung „Der Großinquisitor"[15] folgt an dieser Stelle

---

[14] Becker-Huberti, Beikirchner, Märtyrer, S. 84

[15] Die Erzählung „Der Großinquisitor" ist das fünfte Kapitel des fünften Buches aus dem Roman „Die Brüder Karamasow" von Fjodor Dostojewski.

ein wortmächtiger Monolog des greisen Inquisitors, in dem er Jesus vorwirft, der Menschheit eine Freiheit gegeben zu haben, mit der diese nichts anfangen könne und deshalb im Elend lebe. Er hätte die Menschen in einer Weise zu Gott führen wollen, dass sie keine Wunder mehr gebraucht hätten: „Aber Du wusstest nicht, dass der Mensch mit dem Wunder auch Gott verwerfen müsse; denn der Mensch sucht Gott nicht mit mehr Eifer, als er nach dem Wunder verlangt." Wenn er ihnen die Wunder nimmt, dann würden sie sich halt neue erfinden und sie bei Zauberern und Hexen suchen: „Der Mensch ist schwächer und niedriger, als Du dachtest."[16]

Egon Friedell in seiner „Kulturgeschichte der Neuzeit" nimmt in der anstehenden Frage eine überaus leidenschaftliche Gegenposition ein: „Wenn wir heute keine Wunder mehr erleben, so zeigt dies nicht, dass wir klüger, sondern dass wir temperamentloser, phantasieärmer, instinktschwächer, geistig leerer, kurz: dass wir dümmer geworden sind. Es geschehen keine Wunder mehr, aber nicht, weil wir in einer so fortgeschrittenen und erleuchteten, sondern weil wir in einer so heruntergekommenen und gottverlassenen Zeit leben."[17]

Fakt ist: Die Zahl der überlieferten Wundertaten ist Legion. Schon in der frühen Heiligenverehrung war es nicht so, dass das Volk einfach beschloss, diesen oder jene als heilig zu verehren. Vielmehr erwiesen sich die Auserwählten dieser Ehre für würdig durch erfolgte Heilungen und Wunder an ihren Grabstätten. Die bewirkten Wunder wurden als Selbstzeugnis der Reliquien angesehen und damit war deren Verehrung begründet. In der südeuropäischen Volksreligiosität kam es durchaus vor, dass Heilige, die sich als zu wenig wirkungsvoll entpuppt hatten, auch entsprechend degradiert wurden. Diese Dinge waren folglich von Anfang an miteinander verbunden; egal, wie man zu ihnen stehen mag. Zumindest den Theologen war gleichzeitig klar, dass es keine Verfügungsgewalt über himmlisches Wirken geben konnte, keine irgendwie gearteten Garantien für erwünschte Heilungen.

Moderne Menschen tun sich schwer mit dem Wunderglauben und schon der Aufklärer Immanuel Kant war in seiner „Religion innerhalb der Grenzen

---

16 Dostojewski, S. 416
17 Friedell, S. 238f. Friedells „Kulturgeschichte der Neuzeit" erschien zwischen 1927 und 1931.

der Vernunft" überzeugt, das Thema staatlich regulieren zu können: „Weise Regierungen haben zwar jederzeit eingeräumt, dass vor Alters Wunder geschehen wären, neue Wunder aber nicht erlaubt."[18] Wenn Kant wüsste, wie viele Wunder seither trotz aller Vernunft eingeräumt werden mussten! Bei noch so kritischer Betrachtung können wir im Umfeld der Heiligen Ereignisse nicht ausschließen, die der vermeintlich aufgeklärte, moderne Mensch für nicht möglich halten würde. Wenn heute im Vorfeld von Heiligsprechungen die erforderlichen Wunder von unabhängigen Ärzten bestätigt werden müssen, so ist es ein Zugeständnis an den kritischen Zeitgeist und intern auch ein Versuch der Regulierung. Am Kern der Frage geht es aber eher vorbei.

Das Thema Wunder ist keine Frage der Physik. Man könnte endlose Debatten führen über Placebo-Effekte, selbsterfüllende Prophezeiungen oder Ähnliches, doch schon in der Wissenschaft lassen sich diese Ebenen nie präzis abgrenzen. Sogar die moderne Pharmakologie ist sich bewusst, dass sie auch bei hochspezialisierten Medikamenten solche Effekte nicht ausschließen kann und dass es nie bis ins Letzte zu erklären sein wird, was wie und warum genau bei jemand so wirkt. Zugleich wäre es theologisch ein Holzweg, wollte man das detaillierte ‚wundervolle' Eingreifen des Schöpfers in seine eigenen Naturgesetze bemühen. Aus der Frage, warum er hier eingreift und dort nicht, käme man nicht mehr heraus. Erklärungen erklären hier nichts; sie dienen höchstens der eigenen Beruhigung. „Lach', wenn du kannst", würde Wittgenstein sagen. Mehr geht nicht, denn es ist eine Lebensform.

Wundersames und Heilsames gehören zur religiösen Lebensform der Heiligenverehrung, in der Menschen ihre Nöte und Ängste, ihre Sorge und Verzweiflung an den Himmel richten, einen überirdischen Fokus entwickeln, in den sie im betenden oder wallfahrenden Tun das Leid ihrer Existenz stellen und dabei oft Heilsames erfahren. Heilsam kann es schon sein, wenn es den Menschen dadurch gelingt, das Unabänderliche des eigenen Lebens anzunehmen und mit ihm umzugehen. Solche therapeutische Prozesse beschreiben schon die Klagepsalmen des Alten Testaments sehr eindrücklich[19]. Auch wenn wir die alten Wunderbücher nicht wörtlich nachbuchstabieren und

---

18 Vgl. https://korpora.zim.uni-duisburg-essen.de/kant/aa06/085.html
19 Zum Ps 22 vgl. Hofer, Glauben und das Leben genießen, S. 53ff

neue Sichtweisen für Wunder entwickeln, werden wir nicht daran vorbeikommen zu akzeptieren, dass um vieles mehr geschehen ist, als wir modernen Menschen für wahr halten würden. Letztlich bleiben die Wunder aber Teil dieser Lebensform und so entscheiden am Ende die gläubigen Beterinnen und Beter, was ihnen Wundersames widerfahren ist. Vermutlich ist es tatsächlich so, dass Wunder nur erlebt, wer auch an Wunder glaubt. Ob das heute noch funktionieren würde? Zumindest kann es niemand ausschließen! Wenn, dann liegt es allein am Tun. Eine solche Lebensform ist aber in jedem Fall mehr als ein Freizeitsport, keine coole neue Masche, die man zur Unterhaltung mal ausprobieren könnte. Man muss es leben.

DIE VIERZEHN NOTHELFER

EINE STATTLICHE EINSATZTRUPPE

Ein Bischof, es war der heilige Dionysius, erschien auf standesgemäßer Weihrauchwolke und erklärte zum Erstaunen des anwesenden himmlischen Personals, er gedenke nochmal auf die Erde zu gehen, um nach dem Rechten zu schauen. Ob er allein reisen wolle? Nein, erklärte der heilige Bischof, zusammen mit seinen Kollegen und Kolleginnen. Kolleginnen im Bischofsamt? Nein, er meine die Kolleginnen und Kollegen aus der Vereinigung der Vierzehn Nothelfer, der er angehöre. Ob die alle mitkämen? „Ich erwarte es. Drei dienten lange genug beim Militär: Georg, Eustach und Achatz; denen steckt der Gehorsam im Blut. Bei unseren drei Damen: Katharina, Margareta und Barbara, hoffe ich auf die Mithilfe geschlechterspezifischer Neugier. Veit ist jung genug, um Abwechslung zu schätzen, Cyriak, unser Diakon, greift nach jeder Chance, um sich zu profilieren. Doktor Pantaleon kann sich als Vereinsarzt nicht ausschließen. Christophorus hat nie Risiko gescheut. Meine bischöflichen Freunde Erasmus und Blasius lassen mich kaum mit lauter Laien allein, und unser braver Ägidius zockelt automatisch hinter uns her, wenn wir dreizehn ihm vorangehen."[20] In seinem humorvollen Roman „Und es nickte der kopflose Bischof" schildert der Benediktiner Adalbert Seipolt ein Unternehmen, das nicht ganz im Sinne der Erfinder gelang, da sich die Welt indessen allzu sehr verändert hatte. Doch damit sei die Vereinigung dieser Vierzehn einmal auf charmante Weise vorgestellt.

Die Vierzehn Nothelfer sind wohl das eleganteste Modell, das sich im Zuge der katholischen Heiligenverehrung herausgebildet hatte. Die Logik dahinter dürfte eine einfache und bodenständige gewesen sein: Wenn es hilft,

---

[20] Seipolt, Und es nickte der kopflose Bischof, S. 6f

in der Not einen Heiligen anzurufen, umso mehr muss es dann helfen, wenn man viele Heilige gleichzeitig anruft. Eine ganze Truppe muss auf jeden Fall noch stärker sein als ein einzelner Kämpfer. Ob die himmlische Fürsprache tatsächlich nach solchen Prinzipien strukturiert ist, sei einmal dahingestellt; es ist menschliche Logik. Den einfachen Menschen in ihrer Not jedenfalls half dieser simple Gedanke der Vermehrung von Hilfe. Die Vierzehn decken zudem alle Lebensbereiche ab und wenn etwas nicht dabei ist, dann schaffen sie es sicher gemeinsam. Vielleicht kommt noch hinzu, dass man sich schwerlich alle Schutzprivilegien der einzelnen Heiligen merken konnte; den falschen oder die falsche wollte man ja auch nicht erwischen. So entsteht im Spätmittelalter die erste Form der Bündelversicherung: Ruft man alle zusammen an, ist sicher das Richtige dabei!

Die einzelnen der vierzehn Heiligen gab es schon lange vorher, manche waren bereits sehr populär und wurden schon ab der Spätantike angerufen, verstärkt dann nochmal ab dem 9. Jahrhundert. Neu war nur die Zusammenfassung zu den „Vierzehn Nothelfern". Und warum gerade 14? Darüber ist einiges gerätselt worden und meist findet man die Erklärung, dass es eine Verdoppelung der heiligen Zahl 7 sei nach dem etwas robusten Motto: Doppelt genäht hält besser. Vielleicht kam die Zahl auch weniger geheimnisvoll zustande. 12 ist eine heilige Zahl und den 12 Aposteln wollte man mit Sicherheit kein Pendant entgegensetzen. 12 ist auch eine Anzahl, die sich das durchschnittliche menschliche Gehirn gerade noch merken kann (12 Apostel, 12 Monate, 12 Sternkreiszeichen u. a.), bei 14 wird es schon schwerer. Nachdem die 13 als Unglückszahl symbolisch besetzt war, bildete die 14 die nächste offene größere Zahl, die sonst keine symbolische Bedeutung hatte. Vielleicht stand die 14 damit einfach für ‚eine große Menge'. Betete man zu den Vierzehn Nothelfern, hatte man auf jeden Fall ‚einen ganzen Haufen' von Helfern, die man gleichzeitig anrufen konnte: „Heilige Nothelfer, steht mir bei!"

Der Kult um die Nothelfer und die Zahl 14 sind nicht von heute auf morgen entstanden. Die Herausbildung der heute sogenannten Normalreihe erfolgte erst am Beginn des 15. Jahrhunderts, dauerte also einige Zeit und zuvor gab es andere Zusammenfassungen von heiligen Helfern unterschiedlicher Zahl. Der Kult geht zurück auf den Beginn des 14. Jahrhunderts und sein Kern liegt im bairischen Sprachraum, vor allem in den Bistümern Regensburg, Passau und Bamberg. Als älteste erhaltene Darstellung gilt ein Nothelfer-Fenster im Dom von Regensburg (um 1320), das aber noch 17 Heilige zählt. Die Zuordnung der Dargestellten ist nicht immer eindeutig, da die Einzelbilder nicht beschriftet und die zugeordneten Heiligen-Attribute im 14. Jahrhundert noch nicht eindeutig sind. Neben einem fixen Stamm an Nothelfern gab es immer wieder freie Variable, die je nach regionaler Tradition ergänzt wurden. Nothelfer, die in diesem Zusammenhang immer wieder auftauchten, waren Dorothea, Rochus, Nikolaus, Leonhard, Hubertus von Lüttich, Wolfgang von Regensburg oder Magnus von Füssen. Noch lange kam es vor, dass aufgrund örtlicher Gegebenheiten, ein einzelner der Vierzehn durch einen lokal verehrten Heiligen ersetzt wurde. Solche regionalen Sonderzählungen wurden erst beim Konzil von Trient (1545–1563) getilgt.

Nach den letzten Details des historischen Zusammenkommens dieser „Vereinigung der Vierzehn Nothelfer" wurde zwar viel geforscht[21], doch bleibt trotzdem einiges wohltuend im Dunkel der Geschichte. Sicher ist, dass der Kult nicht plötzlich erfunden wurde, sondern sich allmählich aus unterschiedlichen Praktiken herausgebildet hat. Sicher ist aber, dass sich die Verehrung der Vierzehn Nothelfer ab dem 14. Jahrhundert noch vor der großen Pestwelle sehr schnell im deutschsprachigen Gebiet und dann weit in viele europäische Länder verbreitete. Die Pestwelle kann durchaus einiges zur Verbreitung beigetragen haben. Allein in deutschsprachigen Ländern gab es über 800 Kultstätten. Und hier seien sie einmal namentlich vorgestellt, die sogenannte Normalreihe in alphabetischer Reihenfolge:

Achatius	Erasmus
Ägidius	Eustachius
Barbara	Georg
Blasius	Katharina
Christophorus	Margareta
Cyriakus	Pantaleon
Dionysius	Vitus

---

21 Vgl. vor allem Fürst, Termolen/Lutz und Campana

Ihre Zuständigkeiten sind äußerst vielfältig. Um sich die Vierzehn aber besser merken zu können, gab es auch gereimte Merkverse wie hier auf einer Gebetstafel in Memmingen[22]:

>S. Blasius – bringt wegen Halsweh Fürbitt dar
>S. Georgius – ist anzurufen in Kriegs-Gefahr
>S. Erasmus – für Darm und Leibesschmerzen
>S. Vitus – ein großer Freund der Kinder-Herzen
>S. Pantaleon – Patron der Ärzten, bei Gott mächtig
>S. Christoph – für Hagl und Wetter beschützt er kräftig
>S. Dionysius – in Hauptweh wird gerufen an
>S. Cyriakus – von Teufel Beseßnen helfen kann
>S. Achatius – dem christlichen Kriegsvolk hilft er behend
>S. Eustachius – Betrübniß in der Ehe abwendt
>S. Ägidius – hilft zu Erkenntniß heimlicher Sünd
>S. Margareta – wo Teufelslist ein Zugang findt
>S. Katharina – wenn Weisheit im Studiren mangelt
>S. Barbara – im Tod die Sackrament erlangt

In dieser Liste gibt es zum einen prominente Heilige, die auch als Namenspatrone sehr verbreitet sind wie die ‚drei heiligen Madln' Barbara, Katharina und Margareta oder bei den Männern Georg und Christophorus. Die Bekanntheit von Ägidius und Vitus (Veit) beschränkt sich eher auf den bairischen Sprachraum. Blasius kennen kirchlich sozialisierte Menschen noch vom Blasius-Segen, auch wenn der Heilige selbst wenig bekannt ist. Bei anderen wieder ist es fast verwunderlich, wie sie in diese prominente Liste gekommen sind, da sie eher unbekannt sind und ihre sonstige Verehrung im deutschsprachigen Raum keine große Rolle spielt wie bei Achatius, Cyriakus, Dionysius, Erasmus oder Eustachius. Vermutlich sind in der Folge der Kreuzzüge einige Gebeine ostkirchlicher Märtyrer über die Alpen gekommen, sodass sich Orte der lokalen Verehrung bildeten, manchmal auch als Hausheilige angesehener Herrscherhäuser. In einzelnen Fällen wird es sich nicht mehr wirklich klären

---

22 Siehe www.heiligenlexikon.de/Glossar/Vierzehn_heilige_Nothelfer.html

lassen, wie ein Kult über solche Distanzen transportiert wurde. Das Thema der Reliquien dürfte dabei sicher eine Rolle gespielt haben.

Die „Legenda aurea" (‚goldene Legende') des Jacobus de Voragine von 1264 ist eine Sammlung von Traktaten zu den Kirchenfesten und vor allem den dazugehörenden Heiligenlegenden. Diese Sammlung war das bekannteste und verbreitetste geistliche Volksbuch des Mittelalters. Die Heiligen der Legenda aurea kannte man auf jeden Fall, doch nicht alle der Nothelfer sind im 14. Jahrhundert schon derart prominent. Achatius, Barbara, Erasmus und Pantaleon haben es in die originale Ausgabe der Legenda aurea des 13. Jahrhunderts noch nicht geschafft. In späteren Ausgaben und Übersetzungen wurden sie dann ergänzt.

Bis auf den Einsiedler Ägidius sind alle Nothelfer Märtyrer, deren Legenden in die Zeit vor Konstantin zurückweisen, Lebensgeschichten, für die es großteils aus heutiger Sicht kaum historische Belege gibt. Moderne Skeptiker würden hier natürlich einhaken oder zumindest den Kopf schütteln darüber, dass über Jahrhunderte Heilige um Hilfe angerufen wurden, die es möglicherweise so gar nicht gegeben hat. Placebo hin oder her, für die beschriebene Lebensform sind nüchterne Fakten dieser Art nicht relevant. Vielmehr zählen die Geschichten, die schon ab dem Frühmittelalter entfaltet wurden, und die Bilderwelt, die sich später dazu entwickelt hat. In Nöten hilft der Glaube vielen Menschen mehr als die Fakten. Um die Verehrung der Vierzehn Nothelfer zu verstehen, sind die Geschichten und Bilder wichtiger als die Frage, ob es den einen oder anderen Märtyrer im 3. Jahrhundert tatsächlich gegeben hat, geschweige denn die zoologische Frage nach Drachen oder Ähnlichem.

Ob mit den vierzehn Ausgewählten wirklich alle Stände vertreten sind, wie immer wieder behauptet wird, sei einmal dahingestellt; verheiratete Männer oder Frauen sind jedenfalls keine dabei. Dementsprechend werden sie ihren Geschichten nach manchmal eingeteilt in

drei Jungfrauen: Barbara, Katharina und Margareta
drei Bischöfe: Blasius, Dionysius und Erasmus
drei Ritter: Achatius, Eustachius und Georg
drei Jungmänner: der Knabe Vitus, der Diakon Cyriakus und der Arzt Pantaleon.
Für sich stehen der Mönch Ägidius und der legendäre Christusträger.

Heiligengruppen gab es schon früher wie die vier Marschälle Gottes (Quirinius von Neuss, Cornelius von Rom, Antonius der Große und Hubertus von Lüttich) oder die „Virgines capitales", die vier vorzüglichen Jungfrauen, zu denen neben den drei heiligen Madln noch die heilige Dorothea gehörte, die aber irgendwann aus der Nothelfer-Reihe fiel. Besonders Dreiergruppen von heiligen Frauen finden sich in der Volksreligiosität immer wieder. In der orthodoxen Kirche sind Pistis (Glaube), Elpis (Hoffnung) und Agape (Liebe) die drei Töchter der heiligen Sophia (Weisheit). Vermutlich germanischen Ursprungs sind die drei heiligen Bethen, Einbeth, Wilbeth und Worbeth. In Limburg und Brabant bildete sich im 17. Jahrhundert der Kult der drei Schwestern Bertilia, Eutropia und Genovefa und in der Tiroler Sagenwelt gibt es die drei Jungfrauen zu Meransen. Noch vor der Reihe der Nothelfer aber wurden die drei heiligen Madln bereits verehrt mit dem bekannt gewordenen Spruch entsprechend ihren Attributen:

> „Margareta mit dem Wurm,
> Barbara mit dem Turm,
> Katharina mit dem Radl,
> das sind die drei heiligen Madl."

DIE HIMMLISCHE BESTÄTIGUNG

Die allmähliche Zusammenstellung der Gruppe der Vierzehn Nothelfer vollzog sich im Spätmittelalter während des 14. Jahrhunderts. Doch es war, als ob noch eine formelle himmlische Bestätigung fehlte, um einen nachhaltigen Kult zu installieren, und wie es in dieser Welt ist, kann man sich auf das Auftreten derartiger Ereignisse ziemlich verlassen. Umgekehrt gab es immer wieder kultische Ausformungen, die wieder verschwanden, wenn sie kein nachhaltig symbolisches Ereignis, keinen Kultort und keine belegbaren Wunder hatten. Für die Verehrung der Vierzehn Nothelfer ist es die Basilika Vierzehnheiligen bei Bad Staffelstein im Landkreis Lichtenfels in Oberfranken.

Die himmlische Bestätigung

*Die Basilika Vierzehnheiligen bei Bad Staffelstein
im Landkreis Lichtenfels in Oberfranken*

Der Kern ist „eine alte Sage des christlichen Glaubens"[23], wie es auf der Homepage der Basilika sehr ehrlich heißt. Die ältesten schriftlichen Fassungen der Geschichte sind nämlich wesentlich jüngeren Datums als die Erscheinung selbst. Es beginnt, wie würde man es anders erwarten, mit himmlischen Erscheinungen. Dem Schäfer des dortigen Klosters Langheim, als Datum wird das Jahr 1445 angegeben, erscheint ein weinendes Kind, das gleich wieder verschwindet. In der zweiten Vision sieht er zwei Kerzen links und rechts des Kindes. Im Jahr darauf hat der Klosterschäfer eine dritte Erscheinung, in der das Kind von vierzehn anderen Kindern umgeben ist, je zur Hälfte rot und weiß gekleidet, und die wissen, wer sie sind und was sie wollen: „Wir sind die Vierzehn Nothelfer und wollen eine Kapelle haben und hier gnädiglich rasten." Der Schäfer wird das wohl bereitwillig herumerzählt haben und so ereignete sich ein paar Tage später bereits das erste Wunder, bei dem eine todkranke Magd geheilt wurde, nachdem sie die Vierzehn Nothelfer angerufen hatte.

Daraufhin entschied sich das Kloster, am Erscheinungsort eine Kapelle zu bauen, was sehr rasch ein blühendes Wallfahrtswesen auslöste, dem sich auch hohe Würdenträger nicht verwehrten wie die Kaiser Friedrich III. und Ferdinand I. oder der Malerfürst Albrecht Dürer mit Gattin. Für die Menschen des Mittelalters und der frühen Neuzeit waren die Wallfahrten eine vermutlich attraktive Begleiterscheinung der Heiligenverehrung. Wallfahrten wurden unternommen, um ein Gelübde zu erfüllen, Buße zu tun oder in der Hoffnung, dass dabei ein Gebetsanliegen erhört wird. Oft genug waren diese Pilgerfahrten für viele Menschen die einzigen möglichen Reisen, die einzigen gemeinschaftlichen Abenteuer als besonderes Highlight in einem ansonsten oft sehr mühsamen und einförmigen Leben.

Nach Zerstörungen wurde die Kapelle immer wieder aufgebaut. Doch war sie dem Ansturm der Wallfahrer schon lange nicht mehr gewachsen, und so beauftragte im 18. Jahrhundert ein rühriger Abt mit Balthasar Neumann einen der bedeutendsten Baumeister des Barocks und Rokokos in Süddeutschland, ein neues, großes und dem Ort würdiges Gotteshaus zu bauen: die Basilika Vierzehnheiligen. Die über dem oberen Maintal thronende Kirche verzeichnet heute noch etwa eine halbe Million Besucher im Jahr.

---

23 vgl. www.vierzehnheiligen.de

DIE RÜCKKEHR DER TOTEN

Vielleicht wird sich die Besucherzahl künftig noch mehren. Glaubt man einer Beilage der Neuen Zürcher Zeitung, dann gibt es eine „Rückkehr der Toten"[24]. Der Autor Martin Helg ist überzeugt, dass der Ansturm auf die Stätten der Pilgerverehrung jedes Jahr größer wird: „Ob man ihre Inszenierung nun für Budenzauber hält oder für die Manifestation göttlichen Wirkens – jedenfalls haben 500 Jahre Reformation, Aufklärung, Diderot, Freud und alles positivistische Verstandesdenken ihrem Zauber nichts anhaben können." Nicht nur die Pilgerzahlen nach Santiago verzeichnen ständig neue Rekordmarken, auch vor besonderen Reliquien stehe man heute wieder Schlange. „Glaube ist abstrakt, Reliquien sind konkret", meint Helg und weist darauf hin, dass sich die großen Religionen die „dingliche Realpräsenz" von Reliquien immer schon zunutze gemacht haben. Für die Top Fünf der Wallfahrtsorte reiht er an erste Stelle den Petersdom in Rom (7 Millionen jährlich), vor San Francesco in Assisi (4,5 Millionen Pilger) und den Kölner Dom (3,7 Millionen). Danach folgen das Turiner Grabtuch (2,1 Millionen) und die Markuskirche in Venedig (2 Millionen). Ob die tatsächlich alle wegen der Reliquien kommen, darf in Frage gestellt werden. Den Kölner Dom besucht man eher als solchen und weniger wegen der Reliquien der Heiligen Drei Könige und die wenigsten Venedig-Besucher wissen überhaupt, dass sich in der Basilika die vermeintlichen Reliquien des heiligen Markus befinden, die die Venezianer selber über Jahrhunderte in der eigenen Kirche nicht mehr gefunden hatten. Vorerst sind diese Zahlen ein Beleg für den boomenden Städtetourismus, in dem religiöse Stätten allerdings zunehmend wieder gefragt sind. Ob aber hinter der „Rückkehr der Toten" mehr steckt als Sensationsgier und Nervenkitzel, muss sich wohl erst weisen.

---

24 Helg, Die Rückkehr der Toten

NÖTE UND NOTHELFER HEUTE

Nöte und Nothelfer gibt es in den hoch entwickelten modernen Staaten nach wie vor, nur hat sich einiges verändert und verschoben. Die moderne Wissenschaft und Technik ermöglicht in vielen Bereichen hochprofessionelle Hilfestellungen. Die materiellen Folgen von Schicksalsschlägen sind selten existenziell, da allein das breite Netz der Versicherungen sehr viel abfängt (Unfall, Krankheit, Arbeitslosigkeit, Diebstahl, Haftpflicht, Unwetter, Ernteausfall u. v. m.). Vieles hat den Schrecken verloren oder wird abgefedert. Dafür sind neue Nöte entstanden wie der oft diffuse Bereich der Ängste und der Gesundheit. Hier blüht das bunte Feld der Nothelfer um nichts weniger irrational wie im Mittelalter.

DAS SCHICKSALHAFTE

Das Leben ist nicht mehr so gefährlich wie früher und doch bleiben Krankheiten, Unfälle und Verletzungen ein Teil davon. Allerdings steht uns dafür ein großes Netz von professionellen Nothelfern zur Verfügung von der Notrufnummer über die Rettung und den Notarzt, Erste-Hilfe-Geschulte und örtliche Defibrillatoren, Ambulanzen, Spitäler und eine Vielzahl von Ärzten in einer hohen Dichte. Die härteste Konstante des Lebens – und das ist vermutlich das Einzige, an dem sich gar nichts verändert hat – ist der Tod. Das kann der eigene Tod sein, aber genauso der Tod von Angehörigen oder der besonders tragische Tod von Kindern und jungen Menschen. Die Frage, wie wir mit dem Tod umgehen, bleibt eine menschliche Herausforderung. Vermutlich hatte das Sterben früher eine höhere Selbstverständlichkeit, während das Thema heute oft genug verdrängt und tabuisiert wird. Hier erleben auch die professionellen Nothelfer (Seelsorge,

Krankenhaus, Hospizbewegung u. a.), dass Hilfe nur noch als Begleitung möglich ist.

Gerade Unabänderliches wie verschiedene Behinderungen, chronische Schmerzen und unheilbare Krankheiten, Demenz und die Gebrechlichkeit im Alter führen den modernen Glauben an die Machbarkeit immer wieder an seine Grenze. Dennoch gibt es ein großes Feld an Nothelfern, die die finanziellen Kosten auffangen (Kranken- und Pflegegeld, staatliche Unterstützung, Krankenkassen, Versicherungen u. a.) und die nötige Pflege leisten oder unterstützen (Einrichtungen für Behinderte, für Reha und Spezialbetreuung, Pflege- und Seniorenheime, häusliche Krankenpflege, mobile Hilfsdienste, Hilfe für betroffene Angehörige u. a.). Wie man mit solchen Situationen umgeht, bleibt aber bei aller Unterstützung eine menschliche Herausforderung, sowohl für die Betroffenen wie für die Angehörigen.

Armut gibt es auch in den westlichen Industriestaaten, aber nicht mehr in der radikalen Form von früher. Armut muss aber am jeweiligen Standard einer Gesellschaft gemessen werden. Es mehrt sich die Zahl der Menschen, die von ihrem Verdienst nicht mehr leben (working poor) oder sich keine Wohnung mehr leisten können. Arbeitslosigkeit kann Menschen an die Grenze der existenziellen Not und gleichzeitig einen schmerzhaften sozialen Abstieg mit sich bringen. Unsere Sozialsysteme sind – bei allen Lücken – hoch entwickelt, Nothelfer, die zumeist das Ärgste auffangen können. Dennoch gibt es die Scham, sich die erforderliche Hilfe auch zu holen. Ähnliches gilt für die verschiedenen Abhängigkeiten und Süchte, wo die Hilfe zudem voraussetzt, dass man sich das Problem als solches eingesteht. Professionelle Nothelfer stünden zahlreich zu Verfügung.

Gewalt und Missbrauch sind kein quasi selbstverständlicher Bestandteil des Alltags mehr, zählen aber nach wie vor zu menschlichen Konstanten. Das Feld an Einrichtungen ist groß, die das Problem eindämmen, regulieren und den Betroffenen Unterstützung zukommen lassen (Polizei, Sicherheitsdienste, Überwachungskameras, Gesetze, Gerichte, Gefängnisse, Beratungsstellen, Therapieeinrichtungen u. a.). Sehr gegensätzlich waren die Auswirkungen der Migrationswelle, die bei nicht wenigen Menschen ängstliche Nöte auslöste (Angst vor Überfremdung, gesellschaftlicher Spaltung,

Jobverlust u. a.) und gleichzeitig eine noch kaum dagewesene Welle an freiwilligen Nothelfern mit sich brachte.

DIE ÄNGSTE UND DER DRUCK

Wohlstand ist etwas sehr Angenehmes, auch wenn die Forschung gezeigt hat, dass zum persönlichen Glück ein bestimmtes Ausmaß reichen würde. Offensichtlich entwickeln sich gerade im Wohlstand innere Notlagen, die den Menschen des Mittelalters vermutlich noch unbekannt waren. Die Grenzen des Machbaren spiegeln sich in den Ängsten vor dem Unberechenbaren. Nicht selten entwickeln sich Angst vor Krankheit in einem Zustand bestmöglicher Gesundheit und die Ängste um Sicherheit in einem Status sehr hoher Sicherheit. Je diffuser der Anlass, umso generalisierter werden solche Ängste und darum sind sie schwer fassbar. Man könnte leicht sagen, dass die Ängste nicht real seien und keinen objektiven Anlass haben, für die Betroffenen sind sie trotzdem existenziell. An Erich Kästners Diktum, dass das Leben immer lebensgefährlich ist, hat sich vermutlich nichts geändert. Nur tun sich moderne Menschen zunehmend schwer, mit diesem selbstverständlichen Rest an Unsicherheit zu leben. Statt der Dankbarkeit über das, was ist, regiert nicht selten die Angst vor dem, was sein könnte.

So entsteht mitten in sicheren Zeiten ein neues Bedürfnis nach Sicherheit, bei dem es nicht nur um den Schutz vor Schicksalhaftem geht. Gerade das Streben nach Gesundheit hat inzwischen quasi religiöse Dimensionen angenommen bis hin zum Wunsch, einmal möglichst gesund zu sterben. Allein das Wort „gesund" hat fast schon Fetisch-Charakter. Menschen haben vermutlich noch nie so viel getan, um vermeintlich gesund zu leben; was sich interessanterweise weitgehend auf die Ernährung beschränkt. Dabei ändert sich derzeit das, was als „gesund" gilt, fast schon im Jahresrhythmus. Hier verzahnen sich die diffusen Ängste einer Wohlstandsgesellschaft mit handfesten Marktinteressen und Geschäftemacherei. Die Vierzehn Nothelfer verlangten zwar Zuwendung und Gebete, um Geld ging es dabei aber nicht.

Unser Wohlstand ist zuerst einmal auf Leistung aufgebaut. Leistung kann aber eine Dynamik entwickeln, die sich verselbständigt und deren Druck immer mehr Menschen nicht mehr gewachsen sind. Digitale Errungenschaften, die uns das Leben erleichtern sollten, verstärken zunehmend diesen Druck durch die ständige Verfügbarkeit. Das Auftreten von Depressionen und Burnout erreicht heute ein fast schon epidemisches Ausmaß, eine Erscheinung, der gegenüber trotz Medizin und psychosozialer Therapie unsere Gesellschaft vergleichsweise ratlos wirkt. Dort, wo die Gesellschaft selber spezifische Notlagen schafft, scheint sie in der Frage der Nothelfer regelrecht überfordert zu sein. Vielleicht war es nicht ganz unwichtig, dass die Nothelfer von damals nicht selber Teil des Systems waren.

DER MARKT DER NOTHELFER

Neben den staatlich unterstützten professionellen Nothelfern tut sich heute ein riesiger Markt an Angeboten auf, der vor allem auf Gesundheit und Seelenheil fokussiert ist. Die traditionelle Religiosität ist weiterhin am Abnehmen, doch einzelne Elemente überleben in isolierten oder anderen Kontexten. An vielen Autospiegeln hängt noch ein Rosenkranz oder eine Christophorus-Medaille. Markant ist der derzeitige Engel-Boom. Besucht man einen Weihnachtsmarkt, findet man Unmengen an Engeln in allen Größen, Formen und Materialien, während man eine Krippe mit Jesuskind lange suchen muss. Die Engel, ursprünglich Boten Gottes, sind Elemente eines religiösen Gebäudes, das es so kaum mehr gibt, und die inzwischen ein Eigenleben entwickelt haben. Engel fordern nichts und beschützen nur und damit dürften sie pflegeleichter sein als die alten Systeme. Nachdem traditionelle Religiosität immer weniger nachgefragt wird, hat sich auch ein großer Markt an freien Ritualanbietern aufgetan, die an wichtigen Lebenswenden rituell gestaltete Feiern abhalten.

Der riesige Markt der Esoterik wiederum reicht von Traumfängern über Talismane, Tarot-Karten, Räuchern und Pendeln bis zu diversen Energetikern, Geist- und Wunderheilern. Dahinter steckt vermutlich auch die Sehnsucht nach einfachen Lösungen für komplizierte Probleme. Nachdem das Leben überhaupt komplizierter geworden ist, boomen ebenso die Ratgeber in allen Lebenslagen. Im Buchhandel rangieren sie im Verkauf schon hinter der Belletristik. Auch das Internet ist voll mit solchen Seiten und verschiedensten Blogs bis hin zum Real-Life-TV. Die Suche nach Vorbildern kann dazu führen, dass charismatische Personen in erlöserhafter Form verherrlicht werden. Manches erweckt schon den Eindruck einer Ersatzreligion.

Der größte Markt ist momentan der sekundäre Gesundheitsmarkt mit den verschiedensten Angeboten alternativen Heilens (Hildegard-Medizin, Homöopathie, Klangschalen, Ayurveda, Akupunktur, TCM, Bach-Blüten, Schüßler-Salze, Phytotherapie, Aromatherapie u. v. a.) und den vielfältigsten Produkten und Ratgebern zur gesunden Ernährung, wobei die Marke „Bio" allein fast schon Erlösung verspricht.

Die innere Logik dieses großen Marktes ist deutlich: Je weniger der konkrete Nutzen wissenschaftlich nachzuweisen ist, umso mehr wird daran geglaubt. Letztlich ist das allerdings genauso die Logik der früheren Nothelfer, nur standen diese allen zur Verfügung und Gebete sind bis heute kostenlos.

ACHATIUS VON BYZANZ

GEDENKTAG[25]
8. Mai

NAME
„Achatius" ist die latinisierte Variante des griechischen Namens.
„Akakios": der nicht Böse, der Unschuldige. Weitere Variationen
sind: Agathius, Acato (Spanien), Agario (Süditalien).

VISITENKARTE
Soldat, Märtyrer, Nothelfer

---

[25] Die Gedenktage variieren manchmal zwischen den christlichen Kirchen (katholisch, evangelisch, orthodox, armenisch usw.). Da die Vierzehn Nothelfer im katholischen Kontext entstanden, werden hier die katholischen Gedenktage wiedergegeben. Die Varianten finden Sie auf der sehr informativen Homepage www.heiligenlexikon.de

LEBEN UND WIRKEN

Der Soldaten-Märtyrer Achatius von Byzanz ist eines von den vielen Beispielen, in denen sich die historische Spur bereits im 4./5. Jahrhundert vernebelt. Im Osten gab es unter den Märtyrern mehrere mit dem Namen Akakios (lat. Achatius), sodass es in der Herausbildung der Heiligenfigur zu Verwechslungen und Vermengungen kam. Teils werden die Legenden zur Zeit Hadrians angesiedelt (vor 138), dann wieder Anfang 4. Jahrhundert in den Verfolgungen unter Diokletian und Maximian. Aufgrund verschiedener gleichlautender Personen ist der Nothelfer historisch nicht klar festzumachen, auch seine Legenden sind ohne geschichtliche Grundlage.

Andererseits sind ihm in Konstantinopel mehrere Kirchen geweiht worden, darunter eine, die auf Kaiser Konstantin selber zurückgeht. Es muss also damals das Andenken an diesen Märtyrer noch aktuell gewesen sein. Vermutlich war Achatius ein kaiserlicher Soldat von Rang, der sich dem Christentum zuwandte. Als bekennender Christ, der sich weigerte, den Kaiser als Gott zu verehren, wurde er Opfer der letzten Christenverfolgung, indem er gefoltert und getötet wurde. Die Verweigerung des Bekenntnisses zu den alten Göttern war für Soldaten gleichzeitig Hochverrat.

LEGENDEN UND VEREHRUNG

In der Legende tritt er vor allem als Hauptmann der römischen Armee auf, der westlich von Konstantinopel in Thrakien stationiert war. Als Christ wurde er gefangen genommen, an Pfähle gebunden und mit Dornen gegeißelt, eine Folter, die an die Passion Christi erinnern soll. Standhaft wie er in seinem Glauben war, soll er, da die Behandlung erfolglos war, nach Konstantinopel (Byzanz) gebracht worden, dort erneut gefoltert und unter Kaiser Maximian enthauptet worden sein.

Nach einer Überlieferung sollen seine Reliquien im 6. Jahrhundert aus Armenien (Verwechslung mit Achatius von Armenien?) in den Westen gebracht worden sein. Teile der Gebeine befinden sich heute noch in den deutschen Klöstern Hirsau und Weingarten. Die Legende aber macht es sich nicht so einfach. Sein Leichnam soll nämlich in einem Zinn-Sarg ins Meer geworfen worden sein, doch der Sarg ging nicht unter. Auf den Wellen des Meeres kam der Sarg bis an die Küste Kalabriens, wo er seine Ruhestätte gefunden hat und als „San Agario" in Squillace verehrt wird.

Häufig wird Achatius auch die „Legende von den zehntausend Märtyrern" zugeschrieben. Achatius habe 9000 Soldaten für einen kaiserlichen Feldzug angeworben, doch die Übermacht des Feindes war zu groß. Darauf erscheinen dem Heiligen sieben Engel, die ihm verkündeten, dass sie siegen würden, wenn sie sich zu Christus bekehren. Wie es die Legende will, kam es auch so, was den Kaiser aber verärgerte. Der habe ein Heer von Barbaren auf seine Truppe angesetzt. Da sie sich tapfer gewehrt hätten, seien auch von den Barbaren noch 1000 Kämpfer zum christlichen Glauben übergetreten. Allerdings, und die Legende endet deprimierend, habe das nichts mehr genützt und die zehntausend Märtyrer wurden allesamt gegeißelt und gekreuzigt.

Je nach Version spielt die Legende zur Zeit Hadrians bzw. über eineinhalb Jahrhunderte später unter Diokletian. Die historische Frage ist allerdings müßig, denn die Legende entstand erst im 12. Jahrhundert im Zusammenhang mit den Kreuzzügen. Sie sollte die Kreuzritter motivieren und sie in ihrem Glauben und Durchhaltewillen bestärken.

ALS NOTHELFER

Es liegt nahe, dass Achatius von Byzanz zum Patron der Soldaten wurde, der zum Schutz vor Krieg, Gefahr und Verfolgung angerufen wurde. Daneben war er zuständig für Kopfweh, vor allem aber wandte man sich an Achatius in Todesängsten und ausweglosen Lagen, sowie zur Stärkung im Zweifel und im Streit.

Er ist ein starker, aufrechter Mann, ein tapferer Soldat eben, der klar und entschieden zu seiner Sache und zu seinem Glauben stand. Er ist eine Art Fels in der Brandung, dem niemand etwas anhaben konnte und der deshalb gerade in innerlich wie äußerlich stürmischen Zeiten angerufen wurde. Er ist so etwas wie die starke Schulter, ein kräftiger Schützer unter den Nothelfern.

ATTRIBUTE

Meist wird Achatius dargestellt als Soldat mit Dornenzweig und Dornenkranz, mit Schwert, Streitaxt oder Lanze.

GEBET

Achatius gehört mit Georg und Eustachius zu den drei Soldaten- oder Ritterheiligen unter den Nothelfern. Darum wurden sie im Gebet auch zusammen angerufen:

„Sankt Georg, Achaz, steht uns bei,
Sankt Eustach auch, ihr Ritter drei.
Helft kämpfen uns, wenn Feinde drohn
und reicht uns einst die Siegeskron.
O helfet uns in Not und Leid!
O stärket uns in Kampf und Streit!
Und führt uns einst zur Herrlichkeit!"

WETTERREGEL

„An Achazi warmer Regen bedeutet Früchtesegen."

DARSTELLUNG IN VORARLBERG

Der heilige Achatius ist in der Kunstgeschichte als Einzelfigur vor allem in der Spätgotik, also im 15. und frühen 16. Jahrhundert sehr beliebt gewesen. Viele große Kunstsammlungen, wie zum Beispiel jene der Alten Pinakothek in München oder das Wallraf-Richartz-Museum in Köln, kennen seine Bilder. In späterer Zeit werden seine Einzelwiedergaben seltener und wir finden ihn häufig im Kontext der Vierzehn Nothelfer.

Eine interessante Darstellung ohne Berücksichtigung des Heiligen selbst hat sich im regionalen Raum erhalten. Sie gehört zu den vielleicht blutrünstigsten Darstellungen, die wir aus der Vorarlberger Kunstgeschichte kennen: Gemeint ist die im Zusammenhang mit der Legende des heiligen Achatius stehende Marter der Zehntausend, die am linken Seitenaltar der Martinskirche in Ludesch und ganz ähnlich am Hochaltar der Pfarrkirche in Röns zu sehen ist. Einzeldarstellungen des heiligen Achatius ohne die Verbindung zu den Vierzehn Nothelfern kennen wir auch in Vorarlberg mit der kleinen Ausnahme des Altarbildes aus der Dünser Pfarrkirche nicht. Der linke Seitenaltar in Ludesch lässt den Blick auf das Martyrium im Übrigen nur zu, wenn der Altar geschlossen ist, was heute im Rahmen der mehr museal genutzten Kirche nicht mehr der Fall ist.

Das Bild zeigt, verteilt auf die beiden Außenseiten der Flügel, einen von Zinnen bekränzten, ummauerten Raum, in dem zahlreiche spitze Pfähle aus dem Boden treten. Acht zum Teil völlig verrenkte und nur mit einer schmalen Unterhose bekleidete Männer sind auf diese Pfähle gestürzt. Die spitzen Nadeln haben Brust, Bauch, Arme und Beine durchbohrt. Allen Gesichtern ist gemein, dass sie den Schrecken des Erlebnisses widerspiegeln, aber der Tod noch in keinem Fall eingetreten scheint. Seitlich an den Mauern sind vier Köpfe der kaiserlichen Schergen zu sehen, die ihrer Mimik nach von teilnahmslos bis fratzenhaft zu charakterisieren sind, und die gerade im Begriff sind, weitere vier Soldaten ins Verderben zu stürzen.

Der Altar stammt laut seiner Datierung aus dem Jahr 1488. Bemerkenswert und kennzeichnend für die Zahlen des 15. Jahrhunderts ist die Wiedergabe der Vier als halbe Acht, was hier im Kontext mit den beiden Achten sehr schön zu vergleichen ist. Als Maler kommt jüngeren Forschungen zufolge der Vater des bekannten Donauschulmalers Wolf Huber, Hans Huber aus Feldkirch, in Betracht. Die Köpfe zeigen die bekannte, auf süddeutsche Vorbilder zurückgehende Darstellung mit realistisch anmutenden Physiognomien und bei den Frisuren zum Teil verwendeten Korkenzieherlocken. Die manieristisch anmutende Verrenkung der Körper ist dem Inhalt der Szene geschuldet und lässt schon ahnen, in welche Richtung die Kunst des 16. Jahrhunderts führen wird.

Die für die Spätgotik charakteristischen Flügelaltäre sind wahre Bilderbibeln und wunderbare didaktische Hilfsmittel für die Priester jener Zeit in

Achatius von Byzanz

Marter der Zehntausend, Ausschnitt aus der Achatius-Legende im linken Seitenaltar der Kirche St. Martin in Ludesch, Hans Huber zugeschrieben, 1488

der nachhaltigen Weitergabe biblischer Texte. Achatius und seine Soldaten sind für ihren Glauben gestorben, und das auf denkbar brutalste Weise. Über dem Bild tragen Engel mit durchaus fröhlichen Gesichtern die Seelen der Verstorbenen auf Tüchern in den Himmel. Die Aussage scheint klar und den Betrachtern des Bildes Trost und Ansporn für ihr eigenes Tun zu sein. Wir dürfen nicht vergessen, dass die Marter der Zehntausend in damaliger Zeit während der gesamten Woche aufgrund der geschlossenen Flügel zu sehen war. Nur an Sonn- und Feiertagen wurde der Altar geöffnet und der Blick auf erbaulichere Themen wie die strahlend in die Mitte gestellte Madonna mit dem Jesuskind freigegeben. Und überdies dürfen wir davon ausgehen, dass die Menschen des ausgehenden 15. Jahrhunderts kaum des Lesens und Schreibens mächtig waren, weshalb sie abhängiger von den Inhalten der Bilder und den Erzählungen des Priesters waren.

St. Martin in Ludesch ist jedenfalls für alle interessierten Menschen, die sich mit der Kunstgeschichte des späten Mittelalters und mit Heiligenlegenden auseinandersetzen möchten, eine wirkliche Reise wert. Die Flügelaltäre erzählen Geschichten von einzelnen Nothelfern, aus dem Leben Jesu und Mariens, von den Aposteln, von den Erzmärtyrern, von Pest- und Zahnwehheiligen und von vielen anderen Heiligen. Es gibt wohl keine Not, der man in dieser Kirche nicht mit einem passenden Schutzheiligen begegnen könnte. Allein der linke Seitenaltar mit der beschriebenen Marter der Zehntausend zeigt mit Barbara, Katharina, Christophorus und Georg vier weitere Nothelfer.

ÄGIDIUS VON SAINT-GILLES

GEDENKTAG
1. September

NAME
Der Name geht entweder auf das griechische Aigigios (der Schildträger) oder Aigeides (die Hirschkuh) zurück; die Legende legt eher den Bezug zur Hirschkuh nahe. Varianten des Namens sind Gilles (französisch), aber auch Ägid, Gilgen, Gilg, Ilgen oder Igls.

VISITENKARTE
Einsiedler, Klostergründer, Nothelfer

LEBEN UND WIRKEN

Ägidius ist unter den Nothelfern der einzige, der nicht als Märtyrer starb, der einzige, der in die Zeit nach Konstantin datiert werden muss. Gelebt hat er im 7./8. Jahrhundert, doch seine Lebensgeschichten entstanden erst im 10. Jahrhundert. Die Gründungsurkunde für das Kloster Saint-Gilles aus dem Jahre 685 hat sich als unecht erwiesen. Der Heilige selbst dürfte historisch sein, doch verlässliche Festlegungen bezüglich Zeit und Geschehen sind nicht möglich. Handfeste Spuren sind keine mehr vorhanden. Zumindest zeitlich könnten Beziehungen zum Westgotenkönig Wamba möglich gewesen sein, er war König von 672 bis 680. Wamba ist eine zentrale Figur in der Legende des Ägidius.

Zwischen den Sümpfen der Rhone-Mündung in der französischen Camargue liegt das nach ihm benannte Kloster Saint-Gilles. Unter den Ruinen des prächtigen romanischen Baus aus dem 12. Jahrhundert hat die Forschung eine frühchristliche Grabstätte freigelegt. Deshalb ist nicht auszuschließen, dass es hier schon in früher Zeit ein Kloster gab, dessen Gründer oder langjähriger Abt mit dem Nothelfer Ägidius identifiziert werden kann. Seine Verehrung ist seit dem 8./9. Jahrhundert nachweisbar.

LEGENDEN UND VEREHRUNG

In den späteren Lebensgeschichten gilt er als angesehener Kaufmann aus Athen. Gemäß dem Evangelium soll er seinen ganzen Besitz an die Armen verteilt und sich dann in ein Boot gesetzt haben, auf dem er sich treiben ließ. Das Schicksal führte ihn nach Südfrankreich und das Boot landete in der Camargue, wo er zunächst als Einsiedler am Rand der weiten Sümpfe lebte.

Im Kern der Legende kommt die schöne Geschichte mit der Hirschkuh ins Spiel: Eine Hirschkuh soll den Einsiedler mit ihrer Milch ernährt haben. Doch die eremitische Stille wird gestört durch keinen Geringeren als den Westgotenkönig Wamba, der in besagter Gegend auf der Jagd ist. Wamba schießt mit einem Pfeil auf die Hirschkuh, um sie zu erlegen, doch der from-

Legenden und Verehrung

Der heilige Ägidius heilt die Hirschkuh. Teil eines dem Heiligen geweihten Altares, National Gallery, London, ca. 1500

me Einsiedler stellt sich schützend vor das Tier und wird selbst vom königlichen Pfeil getroffen. Davon war der Gotenkönig nicht nur beeindruckt, sondern auch tief betroffen. Als Sühne ließ der König dem Einsiedler ein Kloster errichten, das Kloster Saint-Gilles, dem Ägidius bis zu seinem Tod als Abt vorstand.

Für seine Zuständigkeiten als Nothelfer ist noch eine andere Erzählung von Bedeutung: Karl der Große – wenn, dann müsste es der Geschichte nach Karl Martell gewesen sein – soll sich wegen seiner Sünden bei Ägidius um Fürbitte bemüht haben. Während des Gottesdienstes habe ein Engel einen Zettel auf den Altar gelegt, auf dem die Vergebung der Sünden bestätigt wurde. Deshalb gilt er als Helfer für eine gute Beichte und Vergebung. Eine weitere Legende erzählt, dass ihm sein Tod vorher verkündet wurde. Bei der Bestattung hörten die Anwesenden dann die Chöre der Engel, die seine Seele in den Himmel trugen. Mit solchen himmlischen Bekräftigungen steht er allerdings nicht allein da im großen Reigen der Heiligengeschichten.

Auch wenn Ägidius heute weitgehend unbekannt ist, war er im Mittelalter einer der populärsten Heiligen. Sein Kloster Saint-Gilles gehörte zu den großen Wallfahrtsorten der Christenheit und war gleichzeitig eine wichtige Station auf dem südlichen französischen Jakobsweg. Im 11. Jahrhundert war Saint-Gilles als Wallfahrtsort offensichtlich von ähnlicher Bedeutung wie Rom oder Santiago. Im deutschen Sprachraum gibt es mancherorts noch den Ägidiustag, der als (auch lautstarkes) Volksfest begangen wird. Einige Orte sind nach Ägidius benannt, wie St. Gilgen am Wolfgangsee, und nicht wenige Kirchen sind ihm geweiht mit einem Schwerpunkt in der Steiermark und dem Grazer Dom als prominentestem Beispiel.

Das Kloster Saint-Gilles selbst schloss sich 1066 als Benediktinerkloster den Reformen von Cluny an. Der großartige romanische Bau des 12. Jahrhunderts wurde in den Hugenottenkriegen des 16. Jahrhunderts teilweise zerstört. Die Gebeine wurden vorher nach Toulouse gebracht, doch die Grabstätte in der einstigen Abteikirche kann immer noch besucht werden.

ALS NOTHELFER

Nachdem er sich von der Milch der Hirschkuh ernährte, wurde er zum Patron der stillenden Mütter. Das Patronat für die Hirten, Jäger und Bogenschützen versteht sich von selbst. Als naturnaher Mensch, der die Hirschkuh schützte, ist er auch für Holz, Wald und Vieh zuständig, im Detail für Unfruchtbarkeit von Mensch und Tier und für Viehseuchen. So schillernd-vage seine Figur ist, so vielfältig scheinen seine Zuständigkeiten. Er ist noch für die Bettler und Aussätzigen kompetent, die Schiffsbrüchigen und die Spitzenklöpplerinnen, die an seinem Gedenktag erstmals abends wieder mit Licht arbeiteten. Sogar Feuer, Dürre, Sturm und weiteres Unglück bringt er als Bündel in die himmlische Versicherung ein. Nicht zuletzt wurde er angerufen in geistiger Not und Verlassenheit, gegen Fallsucht (Epilepsie), Geisteskrankheiten und zu bestimmten Zeiten auch gegen die Pest.

Ägidius ist die geheimnisvolle Figur, die die Welt verlässt, sich in die Natur zurückzieht und als Einsiedler lebt. Er lebt in Ruhe und Abgeschiedenheit ein naturnahes Leben zusammen mit den Tieren. So repräsentiert er einiges, was uns heute oft abhandengekommen ist: die Stille und Ruhe, die Naturnähe und der fürsorgliche Umgang mit der Natur. Als Abt seines Klosters soll er vielen Notleidenden und Ratsuchenden ein verlässlicher Helfer und Bruder gewesen sein.

ATTRIBUTE

Dargestellt wird Ägidius meist als Benediktinermönch zusammen mit der Hirschkuh und von einem Pfeil durchbohrt, manchmal auch mit dem Krummstab des Abtes.

GEBET

„Heiliger Ägidius,
du bist in die Einsamkeit gegangen,
um Gott näherzukommen.

> Für uns bedeutet Einsamkeit oft große Not.
> Lehre uns begreifen,
> dass wir in der Stille und Einsamkeit
> Gott näherkommen können;
> gib uns einen offenen Blick
> für die Einsamkeit unserer Mitmenschen
> und lass sie durch unser Dasein erfahren,
> dass sie niemals allein und vergessen sind."[26]

WETTERREGEL

Im Mittelalter war Ägidius neben Leonhard einer der volkstümlichsten Heiligen der Bauernschaft. Sein Gedenktag, der 1. September, war für die Bauern ein wichtiger Lostag bezüglich Wetter und darum ranken sich viele (ähnliche) Wetterregeln um seinen Gedenktag:

„Wie Ägidius sich verhält, ist der ganze Herbst bestellt."

„Ist Ägidi ein heller Tag / ich dir einen schönen Herbst ansag."

„Ist schön Wetter auf Ägiditag, man guten Wein erhoffen mag."

„Willst du Korn im Überfluss, / sä' es an Ägidius."

DARSTELLUNG IN VORARLBERG

Sie ist die vielleicht schönste Barockkirche des Landes Vorarlberg: die Pfarrkirche zum heiligen Bartholomaus im gleichnamigen Bartholomäberg im Montafon gelegen. Die kulturlandschaftliche Einbettung vor dem Prospekt der Vandanser Steinwand mit dem Gipfel der Zimba gehört zu den am häu-

---

26 Siehe www.vierzehnheiligen.de. Auf der Homepage der Basilika Vierzehnheiligen gibt es Gebetsvorschläge wie diesen, die sich um einen zeitgemäßen Zug bemühen.

figsten gewählten Fotomotiven dieses Landes. Äußerlich ist die Kirche dem bayerischen Typus einer Barockkirche verpflichtet, wofür vor allem der Turm mit dem rechteckigen Sockelgeschoss, mit der achteckigen Turmstube sowie der Zwiebelhaube spricht. Vorbild war zweifellos der Kirchturm von St. Laurentius im nahe gelegenen Bludenz, der im 17. Jahrhundert nach Plänen eines bayerischen Sachverständigen in etwa so gebaut wurde. Und in den 150 Jahren danach haben nicht weniger als sieben Orte im Montafon genau den gleichen Typus eines Kirchturms gebaut, wie eben auch die Bartholomäberger gegen Mitte des 18. Jahrhunderts.

Das Nachahmen bestehender Formen und Stile durch talentierte lokale Bau- und Zimmerhandwerker ist charakteristisch für Vorarlberg und im Speziellen für den Süden des Landes. Manchmal greifen die Talente aber auch zu anderen Lösungen, wie der Innenraum der Bartholomäberger Kirche zeigt. Die Überraschung ist nämlich groß, wenn man den Innenraum betritt und neben dem überbordenden vornehmlich barocken Reichtum an Altären und Schnitzwerk die flache Holzdecke im Langhaus betrachtet. Der große Raum zeigt nicht das für die Barockzeit charakteristische einfache Tonnengewölbe, sondern die besonderen Fähigkeiten der Bartholomäberger Zimmerleute im 18. Jahrhundert führten zu dieser noch aus dem Mittelalter bekannten Lösung in Holz.

Mit dieser weit gespannten Holzdecke nahmen sich die Bartholomäberger auch ihre Chance, ein für die Zeit des Hoch- und Spätbarocks kennzeichnendes Einheitsfresko in Form eines großen, mehrere Felder überschreitenden Deckenbildes schaffen zu lassen. Die separierten Felder der Holzdecke boten vielmehr die Gelegenheit, in einzelnen Bildern zu denken, und es mag deshalb nicht überraschen, dass die Kirchendecke nicht dem Patron der Kirche, dem heiligen Bartholomäus, und Bildern aus seinem Leben und seinem Martyrium gewidmet wurden, sondern einem Thema, das in vielen Einzelbildern gedacht werden kann.

Der Name des Künstlers lautet Michael Lorünser und das Werk entstand 1732. Dem Bildträger entsprechend dürften die Arbeiten in seiner Werkstatt geschaffen und anschließend in die Decke eingefügt worden sein. Von Michael Lorünser wissen wir rein gar nichts. Er tritt einmal, nämlich hier am Bartholomäberg, mit Signatur in Erscheinung, aber davor und danach wer-

Ägidius von Saint-Gilles

Heiliger Ägidius, Ausschnitt aus den Vierzehn Nothelfern, Deckenbild aus der Pfarrkirche Bartholomäberg, Michael Lorünser, 1732

den weder der Name noch Werke von ihm greifbar. Ein One-Hit-Wonder der Barockzeit! Aber eines, das bis heute nachwirkt.

Das Thema sind die Vierzehn Nothelfer, aufgeteilt auf vierzehn Bilder, die in schöner Symmetrie in fünf Reihen zu je drei Heiligen – in der mittleren Reihe wird das Bild durch das Heilig-Geist-Loch ersetzt – über den ganzen Kirchenraum verteilt sind. In der ersten Reihe beim Chorbogen stehen Erasmus, Blasius und Georg, in der zweiten Reihe folgen Pantaleon, Vitus und Christophorus, in der dritten sind dann Cyriakus und Dionysius zu sehen, in der vierten treten Eustachius, Ägidius und Achatius auf und in der letzten Reihe ergänzen dann noch die drei heiligen „Madln" Margareta, Barbara und Katharina die Nothelfer.

Die Kenntnis der Attribute hilft bei der Erkennung, aber alle Heiligen besitzen in einer Banderole unter den Füßen ihren Namenszug, sodass ihre Identifikation eine noch schnellere und leichtere ist. Wenden wir uns jenem Heiligen zu, der mit „S. EGIDIUS" beschriftet ist. Der Nothelfer ist mit dem ihm typischen Mönchsgewand bekleidet. Seine Gestalt füllt vornehmlich den vom Betrachter aus gesehenen linken Teil des Bildes aus und zeigt eine Körperdrehung in Richtung der rechten Bildhälfte, womit das Gesicht im Dreiviertelprofil wiedergegeben ist. Das in seinen Händen geöffnete und vor den Körper gehaltene Buch (als Ordensregel gedeutet) nimmt die Mitte des Bildes ein und verbindet durch seine ausladende Positionierung die beiden Bildhälften. Vor der rechten Schulter des Nothelfers sieht man noch den Krummstab des Abtes hervorragen. Die rechte Bildhälfte bestimmt das eigentliche Attribut des Ägidius, die Hirschkuh, die sich mit ihrem Kopf dem Nothelfer zuwendet. Deutlich sichtbar ist der Pfeil, der quer durch den lang gestreckten Hals des Tieres gesteckt ist und sich markant vom Hintergrund abhebt. Auch wenn der Legende nach der Mönch vom Pfeil getroffen wurde, so übernimmt hier das Tier die Rolle des Getroffenen als wirksames und bestimmendes Attribut.

Wir finden den heiligen Ägidius in der internationalen Kunstgeschichte häufiger im Spätmittelalter als Einzelfigur abgebildet. Zwei wunderbare Beispiele des Ägidius hat Hans Memling im späten 15. Jahrhundert geschaffen, die heute zum einen im Groeninge-Museum in Brügge und zum anderen im Lübecker St.-Annen-Kloster (der sogenannte Lübecker Passionsaltar) aufbewahrt werden. In Vorarlberg ist Ägidius Teil der Nothelfer und als solcher wird er hier mehrfach dargestellt, Einzelabbildungen ohne diesen Kontext sind nicht bekannt.

BARBARA

GEDENKTAG
4. Dezember

NAME
Der Name stammt aus dem Griechischen und bedeutet „die Fremde". Es ist ein lautmalerisches Wort, das das unverständliche Gestammel (barbarbar ...) von Fremden zum Ausdruck bringt. Die Fremden sind die unverständlich Sprechenden.

VISITENKARTE
Selbstbewusste junge Frau, Märtyrerin, Nothelferin

LEBEN UND WIRKEN

Barbara ist zwar eine der bekanntesten christlichen Heiligen, doch historisch ist sie nicht fassbar. Das früheste Zeugnis ihrer Erwähnung findet sich im Martyrologium Romanum aus der Zeit um 700. Das Martyrologium Romanum ist das katholische Verzeichnis aller Heiligen und Seligen, das immer wieder ergänzt wurde. In der Kirche S. Maria Antiqua in Rom ist von 705/06 ein Pfeilerfresko erhalten, das die Heilige darstellt. Das sogenannte Märtyrerverzeichnis des Hieronymus aus dem Jahr 520 kannte sie allerdings noch nicht. In der Legende ist sie eine Märtyrerin, die unter Kaiser Maximius Daia um 306 östlich von Konstantinopel (Nikomedia, heute İzmit) ums Leben kam. Die Legende erzählt aber auch von indirekten Kontakten zum Kirchenvater Origines, der bereits um 254 verstarb. Das Lexikon für Theologie und Kirche redet zu Recht von einer „heillos verworrenen legendarischen Überlieferung" und dem ist eigentlich nichts hinzuzufügen.

Bei Barbara und ähnlich gelagerten Fällen hat man den Eindruck, dass die religiöse Phantasie umso mehr blüht, je weniger historische Fakten es gibt. So sind Heiligenfiguren ganz sicher auch Projektionsflächen, um die sich die großartigsten Geschichten ranken, in denen viele Bedürfnisse und Nöte der Gläubigen ihren Angelpunkt finden. Darum sind in solchen Fällen auch die Patronate und Zuständigkeiten von sehr großer Vielfalt.

Am Beispiel Barbaras lässt sich gut zeigen, wie sich die Kirche nach dem II. Vatikanischen Konzil schwertat mit Heiligenfiguren, für die es keinen historischen Nachweis gibt. Im nachkonziliären Bildersturm versuchte man diese Heiligen – darunter waren so prominente wie Barbara, Christophorus oder Georg – aus dem offiziellen Kalender zu eliminieren: „Der Tag von Barbara war nach der Kalenderreform ab 1969 wie andere Gedenktage von rein legendarischen Gestalten nicht mehr im Festkalender der katholischen Kirche aufgeführt, wurde aber 1972 wegen ihrer verbreiteten Verehrung in den Regionalkalender für das deutsche Sprachgebiet und 2001/2004 wieder ins Martyrologium Romanum aufgenommen."[27] Die Volksreligiosität war offensichtlich stärker als die innerkirchliche Aufklärung. Allein: Wie sollte man

---

[27] Siehe https://www.heiligenlexikon.de/BiographienB/Barbara.htm

Heilige Barbara mit ihren Attributen Schwert, Kelch und Turm, 18. Jahrhundert (keine näheren Angaben)

den Bergleuten erklären, dass die heilige Barbara nicht mehr verehrt und angerufen werden könne, weil es sie nie gegeben habe?

LEGENDEN UND VEREHRUNG

Den vielen Legenden und Geschichten nach war Barbara eine große Schönheit und eine kluge junge Frau, die schon in jugendlichen Jahren in Kontakt zum Christentum kam. Über einen Mittelsmann soll sie in Austausch gestanden sein mit dem Kirchenvater Origines in Alexandria, von dem sie in einigen theologischen Fragen Antwort bekam. Der Vermittler soll ein Priester gewesen sein, den Barbara vor dem Vater vorsichtshalber als Arzt ausgegeben habe. Von diesem Priester sei sie später getauft worden.

Ihr heidnischer Vater hütete eifersüchtig seine bildschöne Tochter, sei es, weil er sie keinem anderen Mann gönnen wollte, sei es, weil er sie bereits einem reichen jungen Mann versprochen hatte oder einfach, weil er sie vom verderblichen Einfluss des Christentums fernhalten wollte. Zu diesem Zweck baute er ihr einen Turm, in den er sie vor allem während seiner Reisen einsperrte. Zusätzlich erbat sie von ihrem Vater ein Badehaus im oder neben dem Turm. Während einer längeren Abwesenheit des Vaters ließ sie sich in einem heidnischen Opferbecken taufen. Eine Geschichte erzählt sogar, dass ihr dabei Johannes der Täufer persönlich erschienen sei. Gleichzeitig ließ sie im Badehaus oder im Turm noch ein drittes Fenster einbauen als symbolischen Ausdruck für die göttliche Dreifaltigkeit.

Als der Vater zurückkam und die Veränderungen seiner Tochter realisierte, wurde er wütend, griff sie an und wollte sie erschlagen lassen. Barbara aber konnte von zuhause entkommen und gelangte zu einem Felsspalt, der sich wie durch ein Wunder vor ihr öffnete. Darin konnte sie sich verstecken, bis ein Hirte sie an ihren Vater verriet. Gott soll ihn dafür zur Strafe in einen Mistkäfer verwandelt haben.

Daraufhin übergab der Vater seine abtrünnige Tochter dem römischen Statthalter, damit er sie von ihrem Glauben abbringe. Der hat sie geißeln lassen, bis ihr die Haut in Fetzen vom Körper hing. Für sie jedoch seien die Geißeln wie Pfauenfedern gewesen. In der Nacht aber soll Christus in ihrer

Legenden und Verehrung

Heilige Barbara, dem italienischen Maler Parmigianino (1503–1540) zugeschrieben, National Gallery, London

Gefängniszelle erschienen sein, um ihre Wunden zu heilen. Das muss den Statthalter umso mehr verärgert haben, sodass er sie öffentlich mit Prügeln schlagen, mit Fackeln foltern und ihr die Brüste abschneiden ließ. Als sie vom Gericht zum Tode verurteilt wurde, hatte sie sich nackt auf dem Markt den Blicken der Leute preiszugeben. Auf ihr Gebet hin erschien aber ein Engel, der sie in ein weiß leuchtendes Nebelgewand hüllte. Sie sollte enthauptet werden und der rachsüchtige Vater vollstreckte eigenhändig das Urteil mit seinem Schwert. Kurz darauf wurde er von einem Blitz getroffen und verbrannte.

Es scheint ein fester Topos zu sein, dass die heiligen Märtyrerinnen in den späteren Legenden durchweg als außerordentlich schön beschrieben werden. Diese Schönheit, die für keinen Mann zu haben ist, wirkt wie eine Provokation an die jeweiligen Machthaber. Deshalb kommt es in den Geschichten immer wieder vor, dass diese Jungfrauen für den Herrn intimen Demütigungen in der Öffentlichkeit ausgesetzt werden wie dem nackten Vorführen, dem Abschneiden der Brüste u. a. Es ist wie die sexuell gefärbte sadistische Rache dafür, dass Machthaber genau das, was sie begehren, nicht bekommen. Eusebius von Cäsarea, der Christenverfolgungen noch als Augenzeuge beschreibt, berichtet von sexuellen Demütigungen auch bei Männern. In den spätmittelalterlichen Heiligenlegenden beschränkt sich dieses Szenario jedoch auf die schönen Märtyrerinnen.

Eine zusätzliche Episode wurde für das spätere Barbara-Brauchtum bedeutsam: Auf dem Weg in das Gefängnis soll sie mit ihrem Gewand an einem Zweig hängengeblieben sein. Das abgebrochene Stück habe sie in ihrer Zelle mit Tropfen des Trinknapfs benetzt. Beim Aufblühen des Zweiges fand sie bildlichen Trost im Glauben, dass auch sie nach dem Tod zu neuem, ewigem Leben aufblühen werde.

Spätere Fassungen der Barbara-Legende fügen noch ein, dass ihr zuletzt versprochen worden sei, dass kein Mensch, der sie anrufe, ohne Sterbesakramente sterben werde. Solche späteren Beifügungen finden sich öfter in Legenden der Nothelfer und sind eine Art himmlische Bekräftigung ihrer entsprechenden Zuständigkeit. Die Nothelferin Barbara wurde jedenfalls immer wieder angerufen, wenn es um eine gute Todesstunde ging.

Ihre Reliquien sollen um das Jahr 1000 nach Venedig und von dort auf die Laguneninsel Torcello gekommen sein. Als die Insel zunehmend versumpfte und verlassen wurde, kam der Sarkophag auf die Nachbarinsel Burano, wo er in der Pfarrkirche San Martino in einer Seitenkapelle der Santa Barbara aufbewahrt wird. 2015 wurde der Reliquienschrein zur Verehrung für kurze Zeit feierlich nach Athen gebracht, da Barbara auch in der Orthodoxie zu den wichtigen Heiligen gehört. Darüber hinaus gibt es eine ganze Reihe von Kirchen, die Reliquien der Heiligen verehren, und nicht zuletzt hat auch Hildegard von Bingen ihrem Reliquienschatz, heute in der Pfarrkirche von Eibingen, ein Stück der heiligen Barbara beigefügt.

Die Legende von Barbara dürfte im 7. Jahrhundert im byzantinischen Raum entstanden sein. Im Westen begann ihre populäre Verehrung erst relativ spät. In der Erstausgabe der Legenda aurea im 13. Jahrhundert war sie noch nicht vertreten und wurde erst in den Ausgaben ab dem 15. und 16. Jahrhundert ergänzt. Als Patronin des Bergbaus taucht sie seit dem 14. Jahrhundert auf, die breite Verehrung stammt aber erst aus dem 17./18. Jahrhundert. In dieser Rolle hat sie bis heute eine nicht zu unterschätzende rituelle Bedeutung, kaum ein Tunnel ohne Barbara-Figur, kaum ein neuer Stollen, der nicht unter ihrer Anrufung geschlagen wird. Der 4. Dezember war lange

Zeit für alle Bergleute ein großer Feiertag, der feierlich begangen wurde. Die traditionelle Bergmannsuniform ist häufig mit 29 Knöpfen besetzt, die für Barbaras 29 Lebensjahre stehen. Wenn die drei obersten Knöpfe offen sind, symbolisieren sie gleichzeitig die Dreifaltigkeit.

Eigenwillig ist ihre Verehrung im Kontext der Artillerie, was mit dem Blitz zu tun haben soll, mit dem ihr Vater erschlagen wurde. Zurückgehen könnte dieser Brauch auf den spanischen Kampf gegen die Mauren im 15. Jahrhundert, die Reconquista, in der Barbara der Artillerie im Kampf gegen die Araber geholfen haben soll. So wurde sie zuständig für die Artillerie, und nicht nur das, auch die Büchsenmacher erklärten sie zu ihrer Patronin und hingen ihr Bild in den Artillerieschulen, Zeughäusern, Werkstätten und in den Pulverkammern der Schiffe auf. Noch unter Napoleon III. soll in Frankreich der 4. Dezember mit Paraden und Festessen gefeiert worden sein, um sich die militärische Gunst der Schutzheiligen für das kommende Jahr zu sichern.

Am populärsten sind bis heute die sogenannten Barbarazweige. Man schneidet an ihrem Gedenktag Zweige ab, bevorzugt von einem Kirsch- oder Apfelbaum oder einer Forsythie, und stellt sie ins Wasser in der Hoffnung, dass der Zweig bis Weihnachten blüht. Das dürfte ein alter bäuerlicher Orakelbrauch sein, der später in viele Richtungen ausgebaut wurde. In Familien hieß es: Wessen Zweig als erster blüht, ist der Glücklichste. War eine Frau nicht sicher, ob ihr Angebeteter sie liebt, konnte sie es am Zweig sehen: Wenn er bis Weihnachten blüht, gibt es im nächsten Jahr eine Hochzeit. Oder noch diffziler: War sich eine Frau nicht sicher, welcher ihrer Verehrer der Richtige sei, setzte sie für jeden einen Zweig ins Wasser. Der Zweig, der als erster blühte, war dann der Hinweis auf den künftigen Bräutigam.

ALS NOTHELFERIN

Das Patronat des Bergbaus mit den Bergleuten und Geologen wurde schon genannt und an die Artillerie hängen sich auch noch die Waffenschmiede, Sprengmeister und Feuerwehrleute an. Aus dem Turm ihrer Legende ergab sich das Patronat der Türme und Festungsbauten mit den dazugehörigen Architekten, Maurern, Steinhauern, Zimmerleuten und Dachdeckern. Die

Barbaraschrein im ehemaligen Eisenerzbergwerk Schacht Konrad, Salzgitter

Elektriker beriefen sich vermutlich ebenfalls auf den Blitz, der ihren Vater traf. Generell fällt auf, dass Barbara für viele Handwerksberufe zuständig ist. Zu den schon genannten kommen noch die Bauern, Metzger, Köche, Glöckner, Glockengießer, Totengräber, Buchhändler, Bürstenbinder, Weber, Hutmacher, Goldschmiede und Salpetersieder; eine schon beeindruckende Vielfalt.

Die Nothelferin war aber nicht nur kompetent in allen Fragen der Gewerbeordnung, sondern auch eine wichtige Ansprechpartnerin in persönlichen Nöten, allen voran galt sie als die Patronin der jungen Frauen, die ihren Weg suchen; vielleicht gab sie deshalb die Tipps mit den Zweigen. Neben dem Beistand für die Sterbenden, die sie um eine gute Sterbestunde anriefen, war sie mit ihren eigenen Erfahrungen auch die Beschützerin der Gefangenen. Nicht zuletzt wurde sie als Nothelferin auch angerufen gegen Gewitter, Feuersgefahren, Fieber, Pest und Schutz vor plötzlichem Tod – eine echte Allrounderin also.

Barbara ist eine junge, selbstbewusste und gebildete Frau, die mit Konsequenz und Willensstärke ihren Weg geht. Selbst durch Folter ist sie nicht von ihrem Glauben, ihrer Überzeugung abzubringen. Sie ist auch ein Beispiel früher Emanzipation. Sie steigt nicht gehorsam in die Spuren, die ihr der Vater gelegt hat, sondern rebelliert dagegen auf, um ihrer eigenen Berufung zu folgen. Zuletzt hat sie Leid und Qualen erfahren, aber die konnten sie nicht brechen. In ihrem Glauben fand sie Trost und Kraft und ging gradlinig durch ihr Ende in der Gewissheit eines neuen Lebens nach dem Tod, wie es ihr Christus versprochen hatte.

ATTRIBUTE

Zentrales Attribut ist der Turm möglichst mit drei Fenstern. Oft kommen Kelch und Hostie hinzu als Symbol für die gute Sterbestunde, die vom Empfang der Sakramente begleitet ist. Generelle Attribute für Märtyrer sind die Palme und die Krone, im Falle Barbaras manchmal auch noch die Fackel und die Straußenfeder als Reminiszenz an ihre Folterungen. Aus den wichtigen Patronaten können auch ein Kanonenrohr oder Bauwerkzeuge dargestellt sein. Vor allem auf orthodoxen Ikonen wird sie häufig in liturgischer Gewandung dargestellt. Anfangs hält sie meist nur ein schlichtes Kreuz in ihren Händen, später kommen noch Kelch und Hostie dazu. Damit stellt sie ikonografisch so etwas wie den Archetyp der priesterlichen Frau dar.

GEBET

Wenn die Bergleute unter Tag gingen, beteten die Kinder zur heiligen Barbara, damit ihre Väter wieder wohl zurückkommen:

„Sankt Barbara, bei Tag und Nacht,
fahr mit dem Vater in den Schacht!
Steh du ihm bei in jeder Not,
bewahr ihn vor dem jähen Tod!"

WETTERREGEL

Da im Dezember weder gesät noch geerntet wird, beziehen sich die Wetterregeln vor allem auf den Lostag des 4. Dezember:

„Nach Barbara geht's frosten an, kommt's früher, ist nicht wohlgetan."

„Geht Barbara im Klee, kommt's Christkind im Schnee."

„Barbara im weißen Kleid, verkündet gute Sommerzeit."

DARSTELLUNG IN VORARLBERG

Wir haben schon gelesen, dass die heilige Barbara eine der umfassendsten Nothelferinnen ist, deren Anrufung uns mitunter die Ansprache der meisten anderen erspart. Die gute Sterbestunde war für das späte Mittelalter wichtig, wie wir beim heiligen Christophorus noch erfahren werden. Dass die meisten Handwerker sich auf sie berufen können, mag in einer Zeit des blühenden Handwerks ihrer Beliebtheit geholfen haben, als weibliche Heilige hatte sie wohl automatisch die halbe Menschheit hinter sich und letztlich wird ihr auch Hilfe bei Feuersgefahren zugesprochen, womit sie in den engen Verhältnissen spätmittelalterlicher Bauweisen erst recht an Bedeutung gewinnen musste. Und dann ist da noch ihre Unterstützung bei allen Arbeiten unter Tage. Also wie gemacht für jene Teile Vorarlbergs, die nachgewiesen vor allem im späten Mittelalter mit Bergbau zu tun hatten, also die Region Bartholomäberg-Silbertal im Montafon.

Ganz stimmt das aber nicht: Würde man eine statistische Auswertung über die regionale Verteilung der heiligen Barbara in Vorarlberg bemühen, dann ließe sich festhalten, dass sie überall vorkommt, auch in den Bergbauregionen, aber nicht nur dort. Eine der heiligen Barbara geweihte Kirche gibt es nicht, eine ihr geweihte Kapelle gibt es erst seit 1967, nämlich jene von den Illwerken in Auftrag gegebene Kapelle auf der Bielerhöhe. Ein schönes Beispiel dafür, dass sich Barbara erst jetzt wirklich durchgesetzt hat.

Bei der Frage nach den wichtigsten Bergbaupatronen sind die unverdächtigsten Objekte zu befragen: zum Beispiel der Knappenaltar in der Pfarrkirche von Bartholomäberg. Dort ist Barbara als eine von vielen auf einem Flügel abgebildet. Im Zentrum steht die heilige Anna selbdritt, das heißt, dargestellt mit ihrem Kind Maria und ihrem Enkel Jesus. Die heilige Anna wurde im Alpenraum in der Zeit von 1500 bis etwa 1525 auffallend häufig verehrt und auch Bartholomäberg hätte bei der im Spätmittelalter erfolgten Eindeutschung seines Ortsnamens beinahe Annaberg geheißen. Die Kirche und die Altäre am Kristberg zeigen, sofern letztere für die dortige Kirche gemacht wurden, die heilige Agatha im Zentrum. Sie war im ausgehenden 15. und frühen 16. Jahrhundert als Beschützerin vor Feuersgefahren die wichtigste Patronin für die Bergknappen. Da sich Barbara erst in nachmittelalterlicher Zeit als Bergbaupatronin durchsetzen konnte, spielt sie hier keine über ihre allgemeine Nothelferfunktion hinausgehende Rolle. Das konnte sie auch später nicht mehr, da die Bergbauaktivitäten in nachmittelalterlicher Zeit stillgelegt beziehungsweise auf lokale Bemühungen ohne Erfolg reduziert wurden.

Bleiben wir aufgrund des Zusammenhangs der heiligen Barbara mit dem Bergbau in Silbertal. Allerdings vollführen wir einen Zeitsprung bis ins frühe 20. Jahrhundert. Wir werden beim heiligen Georg noch vom kostspieligen Neubau der Silbertaler Pfarrkirche erfahren, der kurz vor der Jahrhundertwende vollendet worden war. Für die neugotische Architektur zeichnete der Wiener Dombaumeister Friedrich von Schmidt zumindest im Entwurf verantwortlich, und auf der Suche nach fähigen Bildhauerwerkstätten für die Ausstattung wurden die Zuständigen aus dem Silbertal und von der Diözese in Südtirol fündig. Die Grödner Schnitzschule hatte in der zweiten Hälfte des 19. Jahrhunderts eine wahre Blütezeit für die Südtiroler Bildhauer begründet. Einer dieser hier erfolgreich ausgebildeten Bildhauer war August Valentin (1858–1940), der in seiner ersten Karriere von 1880 bis 1909 eine gut gehende Bildhauerwerkstätte in Brixen betrieb, die zahlreiche Aufträge in seiner Heimat wie auch im übrigen Tirol, in Vorarlberg, Liechtenstein und in Graubünden ausführen konnte. Später widmete sich Valentin dem Beruf des Hoteliers und Gastwirts.

Barbara

Vierzehn Nothelfer, rechter Seitenaltar der Pfarrkirche Silbertal, Werkstätte August Valentin, um 1900

Die Werkstätte August Valentins lieferte im Laufe von mehreren Jahren sämtliche Altarwerke für die neue Silbertaler Pfarrkirche. Ganz im Stil der Kirche plante sie ihre Arbeiten im neugotischen Stil. Die Altäre orientieren sich an ihren gotischen Vorbildern, sie wirken nur in ihrem Gesamteindruck etwas reduzierter, schematischer und nicht zuletzt aufgrund ihres jungen Alters auch neuer. Der Tabernakel in einem gotischen Altar ist im Übrigen auch ein Hinweis auf eine neugotische Entstehungszeit, da in spätmittelalterlicher Zeit das Allerheiligste noch in einem eigenen Sakramentshäuschen aufbewahrt wurde. Für den rechten Seitenaltar wählten die Auftraggeber das Motiv der Vierzehn Nothelfer, die sich um eine Herz-Jesu-Figur jeweils in Zweiergesellschaften gruppieren. Links oben ist die heilige Barbara gemeinsam mit dem heiligen Dionysius zu sehen. Während die heilige Barbara sehr ausführlich mit Kelch, Märtyrerpalmzweig und dreifenstrigem Turm wiedergegeben ist, bleibt beim heiligen Dionysius außer seiner Darstellung als Bischof jede weitere Identifizierung offen. Hier wird deutlich, dass die nazarenischen und spätnazarenischen Darstellungen des 19. Jahrhunderts deutlich gemäßigter in der Wiedergabe drastischer Inhalte vorgehen. Weder wird dem heiligen Dionysius der Kopf abgeschlagen, noch erkennen wir in diesem Altar etwa den heiligen Pantaleon an den am Kopf festgenagelten Händen.

BLASIUS

GEDENKTAG
3. Februar

NAME
Der Name stammt am ehesten vom griechischen blaisós bzw. lateinischen blaesus (der Lispelnde). Die in Italien gebräuchliche Variante des Namens lautet Biagio, die französische ist Blaise.

VISITENKARTE
Heiler, Bischof, Märtyrer

LEBEN UND WIRKEN

Blasius war einer der beliebtesten und meistverehrten Heiligen, doch über sein Leben ist historisch wenig verbürgt. Die Geschichte seines Martyriums ist in mehreren Versionen überliefert. Seine Verehrung begann in der Ostkirche schon im 6. Jahrhundert, im Westen ist sein Kult ab dem 9. Jahrhundert nachweisbar. Nördlich der Alpen wird er seit dem 11. Jahrhundert verehrt. In der Unterkirche der Basilika San Clemente in Rom gibt es ein Fresko aus der Zeit um 1100. Sein Kult verbreitete sich vor allem durch die Kreuzfahrer im Abendland.

LEGENDEN UND VEREHRUNG

Der Überlieferung nach war Blasius Arzt und Bischof von Sebaste in der heutigen Zentraltürkei. Zuerst soll er ein Arzt mit besonderer Heilkraft gewesen sein, äußerst hilfsbereit gegenüber den Menschen, egal ob sie reich oder arm, Christen oder Heiden waren. Aufgrund seiner großen Beliebtheit wurde er später zum Bischof gewählt. Noch vor der Bischofsweihe floh er wegen der Christenverfolgung; es müsste die letzte Welle Anfang des 4. Jahrhunderts gewesen sein.

In einer Höhle führte er ein Einsiedlerleben im Einklang mit den Tieren. Die Vögel brachten ihm Speise und das Wild besuchte ihn, während er kranke Tiere heilen konnte. Als eines Tages Jäger in den Wald kamen, fanden sie keine Tiere vor, bis sie zu einer Höhle kamen, in der alle Tiere bei dem Einsiedler standen. Der Statthalter ließ Blasius holen und sich vorführen. Als dieser den Gruß an die Götter verweigerte und sich als Christ bekannte, ließ er ihn mit Prügeln schlagen und gefangen nehmen. Im Gefängnis spielt jene Episode, durch die Blasius uns heute noch bekannt ist. Eine Mutter kam mit ihrem Sohn, der eine Fischgräte verschluckt hatte und zu ersticken drohte. Der gefangene Blasius aber, so erzählt es die Geschichte, konnte ihn durch sein Gebet retten. Auch hier kam in späteren Fassungen der Legende die himmlische Bestätigung hinzu, dass künftig alle, die ein Übel an der Kehle hätten, Hilfe bekommen, wenn sie in seinem Namen um Gesundheit beten.

Charmant ist auch die Geschichte von der armen Frau mit dem einzigen Schwein. Ein Wolf hatte ihr das Schwein geraubt und sie bat Blasius um Hilfe. Dieser habe gelächelt und ihr versprochen, dass sie das Schwein wiederbekommen würde, und siehe da, der Wolf brachte das Schwein zurück. Als Blasius im Gefängnis aber gefoltert wurde und dem Statthalter widerstand, schlachtete die arme Frau ihr einziges Schwein und brachte davon dem Gefangenen zu essen, zusammen mit einer Kerze und Brot. Auf seinen Wunsch zündete sie dann jedes Jahr für ihn eine Kerze an.

Nun griff der Statthalter zur Folter, um ihn zum alten Götterglauben zu bewegen. Dazu ließ er ihn an einen Balken hängen, ihm die Haut mit eisernen Kämmen (Striegeln) aufreißen und dann wieder in den Kerker werfen. Hier baut zumindest die Legenda aurea die originelle Geschichte von den sieben Frauen ein, die jeden Tropfen des Blutes des Gemarterten einsammelten. Darauf wurden auch sie verhaftet und man wollte sie zwingen, dass sie den römischen Göttern Opfer brächten. Sie möchten aber nur reine Götter anbeten, entgegneten die sieben Frauen dem Statthalter, und deshalb solle man die Götter erst zum Teich bringen, um sie dort zu waschen. Offensichtlich war man erleichtert und ließ die Götter zum Teich bringen, wo die sieben Frauen die Statuen ins Wasser warfen mit dem Argument: Wir wollen sehen, ob sie wirklich Götter sind! Das brachte den zornigen Statthalter derart in Rage, dass er auch die sieben Frauen einsperren, grausam martern und am Ende enthaupten ließ.

Doch die Götterprobe ging noch weiter. Als Blasius sich erneut weigerte, die falschen Götter anzubeten, befahl der Statthalter, ihn in besagten Teich zu werfen. Doch Blasius machte ein Kreuz über dem Wasser und sofort war die Oberfläche fest wie ein Erdboden, auf dem er gehen konnte. Nochmal kam dieselbe Provokation: Wenn seine Götter wahre Götter seien, sagte Blasius zum Statthalter, so sollen seine Leute zu ihm aufs Wasser kommen. Fünfundsechzig Mann folgten sofort der Aufforderung – und alle ertranken. Das war dem Statthalter dann tatsächlich zu viel und nachdem alles nichts nützte, ließ er Blasius zuletzt enthaupten.

Bis heute am volkstümlichsten ist der Brauch des Blasiussegens, der auf das 16. Jahrhundert zurückgeht und auf der Geschichte mit der Fischgräte beruht. Der Blasiussegen soll bei Halsschmerzen, Ersticken und anderen

Halserkrankungen helfen. Der Priester hält dabei zwei gekreuzte geweihte Kerzen vor die einzelnen Gläubigen und spricht die Segensworte: „Auf die Fürsprache des heiligen Blasius bewahre dich der Herr vor Halskrankheit und allem Bösen. Es segne dich Gott, der Vater und der Sohn und der Heilige Geist." Die offizielle Segensformel macht deutlich, dass es im katholischen Verständnis Gott ist, der heilt, und nicht der Nothelfer selber, der in der Segensformel die Rolle des Fürsprechers innehat.

Von den Reliquien wird erzählt, dass man sie im 8. Jahrhundert von Kappadokien nach Rom bringen wollte, sie nach einem Schiffbruch aber in Süditalien landeten. Von dort habe man sie im 9. Jahrhundert ins Kloster Rheinau gebracht und von da nach St. Blasien im Schwarzwald. Neben Paderborn, Braunschweig und Paris ist vor allem das kroatische Dubrovnik ein Ort seiner Verehrung mit stattlichen Reliquien.

ALS NOTHELFER

Als Nothelfer wurde Blasius vor allem angerufen, wenn es um die körperliche Gesundheit ging, in erster Linie um den Hals (Halsleiden, Husten, Kehlkopfkrankheiten), aber auch bei weiteren Erkrankungen wie Diphtherie, Blasenkrankheiten, Blähungen, Blutungen, Geschwüre, Koliken, Zahnschmerzen, Pest und Kinderkrankheiten. Mit dem Hals verbunden sind auch die Patronate für die Hals-Nasen-Ohren-Ärzte und die Blasmusikanten. Interessanterweise wurde er für viele Berufsgruppen wichtig ohne offensichtlichen Bezug zur Legende wie die Wachszieher (Kerzen), Wollhändler, Schneider, Schuh- und Hutmacher, Weber, Gerber, Bäcker, Windmüller, Maurer, Gipser, Steinmetze, Seifensieder und Nachtwächter. Seine tierischen Freunde in der Höhle prädestinierten ihn auch für Haustiere, Pferde und gegen wilde Tiere.

Blasius ist in seiner Geschichte zuerst einmal der große Heiler, der Nothelfer, der Arzt ist und viel von Körper und Gesundheit versteht. Diese Gabe machte ihn später erst zum Bischof und noch im Gefängnis wurde er darum angerufen. Sein Leben in der Höhle mit den Tieren zeugt von einem tiefen Zugang zur Natur, mit dem auch seine heilende Kraft verbunden ist, eine Kraft, durch die Gott in ihm wirkt.

ATTRIBUTE

Blasius wird meist dargestellt als Bischof mit Stab und zwei gekreuzten Kerzen in der Hand, manchmal ist es auch nur eine Kerze bzw. kann auch das Evangelienbuch dabei sein. Weitere Attribute entsprechend der Legende können sein: Hechelkamm, Wolf, Schwein oder Schweinskopf. In Bilderzyklen werden auch Szenen seines Martyriums dargestellt.

GEBET

Im traditionellen Nothelferlied lautet die Strophe zum heiligen Blasius:

„Bringe dort vom Himmelsrande
Segen unsrem Vaterlande,
Blasius, du Wundermann!
Jede Seuche lass verschwinden,
die zur Strafe unsrer Sünden
Vieh und Menschen schaden kann."

WETTERREGEL

Der Blasiustag war für die Bauern das Winterende und darauf beziehen sich auch die meisten Wetterregeln:

„St. Blasius ist auf Trab, stößt dem Winter die Hörner ab."

„Kerzensegen im Schnee, Palmkätzchenweihe im Klee!"

„Blasius ohne Regen, folgt ein guter Erntesegen."

DARSTELLUNG IN VORARLBERG

Der heilige Blasius ist in der Kunstgeschichte Vorarlbergs vor allem im Kontext der Vierzehn Nothelfer zu finden. Einzeldarstellungen gibt es nur wenige und das vielleicht interessanteste Beispiel dafür ist jenes aus der Kirche in Gortipohl im Montafon. Hier ist der Bischof von Sebaste als Einzelfigur ganz prominent am Hochaltar zu sehen. Sein Gegenüber ist der heilige Ulrich, der Bischof von Augsburg. Während die lange Zugehörigkeit eines Teils Vorarlbergs zum Bistum von Augsburg die durchaus starke Präsenz des heiligen Ulrichs in der Kunstgeschichte Vorarlbergs erklären kann, stellt sich die Frage, warum die Gortipohler im späten 17. Jahrhundert auf einmal einen Blasius auf ihrem Hochaltar sehen wollten?

Der Winter 1688/89 hat sich im Montafon in die Geschichtsbücher eingeschrieben wie kein zweiter. Heftiger Schneefall verbunden mit großen Schneemengen führten zu zahlreichen Lawinenabgängen, die zahllose Menschen- und Tierleben kosteten sowie ungeheure Zerstörungen an Gebäuden zur Folge hatten. Das Ereignis hatte sich über Generationen ins kollektive Gedächtnis eingebrannt. Dafür sorgte der Lawinenbrief des Gaschurner Pfarrers Johannes Fiel, der immer wieder abgeschrieben und dessen Inhalt vor allem weitererzählt wurde. Von Generation zu Generation. Die tatsächlichen Opferzahlen können wir heute nur erahnen, sind aber aufgrund der Erzählpraxis schließlich auch höher gemacht worden, als sie tatsächlich waren. Eine jener Lawinen hatte die Kirche in Gortipohl zerstört und dazu geführt, dass bis 1692 ein barocker Neubau anstelle der zerstörten Kirche errichtet wurde. Möglicherweise stellen die beiden Anfang des 20. Jahrhunderts aus Montafoner Privatbesitz für das Landesmuseum angekauften spätgotischen Tafelbilder Reste eines Flügelaltars dar, welche die Naturkatastrophe unversehrt überstanden hatten, für die neue Kirche aber keine Verwendung mehr fanden. Die beiden Bildtafeln aus der Werkstätte des prominenten süddeutschen Bildschnitzers Daniel Mauch gehörten zu einem Sippenaltar, wie er für eine Kirche wie jener von Gortipohl, die auch der heiligen Anna geweiht war, denkbar wäre.

Im Unterschied zur süddeutsch geprägten spätgotischen Kunst sind die barocken Bildwerke gerade im südlichen Vorarlberg hauptsächlich von Tiroler

Heiliger Blasius, Skulptur aus dem Hochaltar der Kirche in Gortipohl, Melchior Lechleitner, um 1690/92

Bildhauern geschaffen worden. So überrascht es auch nicht, dass beim Neubau der Gortipohler Kirche in den Jahren um 1690/92 mit Melchior Lechleitner ein aus dem Stanzertal im Tiroler Oberland stammender Bildhauer zum Zug kam. Nachdem seine Werkstatt in Grins bei Landeck gepfändet worden war, suchte Lechleitner um 1680 sein Glück in Vorarlberg, wo der streitbare und in viele Raufhändel verwickelte Bildhauer in Schruns sesshaft wurde. Sein Hauptwerk hinterließ er mit dem Hochaltar in der Bludenzer Spitalskirche (1685/86), aber heute in alle Winde zerstreute Figuren zeugen auch von guten Aufträgen für die Kirchen in Schruns und Gaschurn.

Lechleitner stellt den heiligen Blasius als Bischof mit Mütze und Stab sowie den überkreuzten Kerzen dar. Stilistisch beschreibt Lechleitner mit dieser Skulptur den Schlusspunkt der frühbarocken Phase der Kunstgeschichte in Vorarlberg. Was mit Erasmus Kern in den 20er-Jahren des 17. Jahrhunderts begonnen hatte, findet mit diesem Werk Anfang der 90er-Jahre sein Ende. Melchior Lechleitner wendet ein letztes Mal den frühbarocken Knitterfaltenstil verbunden mit einer schematisierten kontrapostischen Haltung an. Letzteres beschreibt die Unterscheidung von Stand- und Spielbein mit entsprechenden Arm- und Kopfbewegungen.

Bleibt die Frage, warum Lechleitner beauftragt wurde, einen heiligen Blasius zu schnitzen? Schriftliche Zeugnisse dazu gibt es nicht, aber eine Auffälligkeit ist frappant: Die verheerenden Lawinenunglücke im Montafon gingen am 3. Februar 1689 nieder – am Tag des heiligen Blasius. Auch wenn der Erstickungstod vieler Menschen und Tiere anzunehmen ist, dürfte dieses Detail aus der Legende des Heiligen vielleicht noch am wenigsten Grund dafür gewesen sein. Aber die Erinnerung an den Tag des Unglücks, verbunden mit der Vorstellung, Schutz für die Zukunft zu erbitten, lässt die Wahl des heiligen Blasius nachvollziehbar erscheinen.

CHRISTOPHORUS

GEDENKTAG
25. Juli, im deutschen Sprachgebiet am 24. Juli

NAME
Der Name Christophorus kommt aus dem Griechischen und bedeutet „Christusträger" als Zusammenziehung von ‚Christos' und ‚pherein' (tragen). Gebräuchliche Varianten sind Christoph und Christopher.

VISITENKARTE
Riese, Christusträger, Nothelfer

LEBEN UND WIRKEN

Aus dem Jahr 452 existiert eine Inschrift, nach der Christophorus in Chalcedon, heute ein Ortsteil von Istanbul, eine Kirche geweiht wurde. Kirchen wurden nur als heilig verehrten Menschen geweiht und so ist es naheliegend, dass es sich um einen Märtyrer handelte, dessen Gedenken noch präsent war. Von den späteren Legenden ist hier noch keine Rede. „Christophorus" war zudem in der christlichen Spätantike eine gängige Bezeichnung für viele Märtyrer, weil sie mit ihrem Schicksal Christus getragen haben. Eine historische Person Christophorus ist nicht greifbar.

LEGENDEN UND VEREHRUNG

Im 5./6. Jahrhundert entstand ein ganzer Schub von Legenden, die sehr stark überzeichnend sind mit äußerst phantastischen Zügen. Die Geschichten wollten mit einer gewissen Portion an gruseligem Schauer zeigen, wie heldenhaft die christlichen Märtyrer dem Tod entgegentraten, ohne an ihrem irdischen Leben zu hängen. In diesem Kontext entsteht auch das literarische Muster, dass die Märtyrer und Märtyrerinnen eine Vielzahl grausamster Folterungen hintereinander unbeschadet überstanden, um am Ende dann meist enthauptet zu werden. Gerade in den skurril-phantastischen Geschichten des Christophorus könnten sogar außerchristliche Fabeln und Kulte hineingespielt haben. Möglicherweise wollte man damit zeigen, dass der christliche Glaube sogar das archaisch Wilde zivilisiert.

In einer solchen Legende, die ab dem 5. Jahrhundert im Osten nachweisbar ist, erscheint Christophorus als Kynokephale, als hundsköpfiges, Menschen fressendes Ungeheuer, das noch gar nicht sprechen kann. Die Sprache erlernt er erst nach der Taufe und zieht dann missionierend durch die Lande. So kam er nach Lykien (heute südwestliche Türkei) zu einem König, der dabei war, auf einem Richtplatz Christen zu martern. Christophorus versuchte den Gequälten Mut zuzusprechen. Als ein Richter ihn hinderte und gewaltsam auf ihn einschlug, steckte er seinen Eisenstab in die Erde, der daraufhin ergrünte und aufblühte. Die Geschichte erzählt, dass dadurch 8000

Menschen bekehrt wurden, worauf Christophorus vom König eingekerkert wurde. Der König versuchte es zuerst mit subtilen Mitteln, indem er Nikäa und Aquilina zu ihm schickte, zwei attraktive junge Damen, die ihn verführen und von seinem Glauben abbringen sollten. Das Gegenteil kam heraus, Christophorus bekehrte die beiden Liebesdienerinnen zum Christentum. Dafür sollte er gemartert und enthauptet werden. 200 Kriegsknechte schickte der König, die der Riese allerdings ebenfalls bekehrte. Daraufhin sollten ihn 400 Bogenschützen töten, doch die Pfeile blieben in der Luft stehen. Der König hielt es für faulen Zauber, worauf ihn einer der Pfeile traf und er erblindete. Wenn er nach seinem Tod, erklärte ihm Christophorus, sein Blut mit Erde mische und auf die Augen lege, sei er wieder geheilt. Danach wurde er enthauptet und der König wieder sehend. Mühsam hätten die Kriegsknechte sodann den hundsköpfigen Riesen zum Stadttor hinausgeschleppt.

Die bekannte Legende vom Christus tragenden Riesen kommt erst im 13. Jahrhundert ins Spiel, am deutlichsten ausformuliert in der Legenda aurea. Möglicherweise war der Name selbst die Inspiration für die erzählerische Entfaltung. Der Riese von gewaltiger Größe und furchtbarem Angesicht hieß vor seiner Taufe Reprobus und wurde danach Christophorus genannt. Sein Ziel war es fortan, nur dem mächtigsten König der Welt zu dienen. So kam er zu einem bedeutenden Fürsten, der ihn freudig aufnahm. Doch als Christophorus merkte, dass sein Fürst Angst vor dem Teufel hatte, machte er sich wieder auf den Weg, um diesen noch mächtigeren Fürsten zu suchen und ihm zu dienen. Er kam in eine Einöde und traf dort auf einen großen schwarzen Ritter samt Gefolge, der ihm erklärte, dass er der Teufel sei. Nun glaubte Christophorus, dass er endlich den mächtigsten Fürsten der Welt gefunden habe, dem er willig diente. Doch eines Tages fiel ihm auf, dass sein schwarzer Ritter um jedes Wegkreuz einen großen Bogen machte. Der Teufel musste ihm gestehen, dass es Christus sei, den man ans Kreuz geschlagen habe, den er fürchte. Erneut machte sich Christophorus auf, um endlich den mächtigsten Fürsten zu finden.

So kam der naive Riese zu einem Einsiedler, der ihm erzählte, wer Christus war, und ihn im Glauben unterrichtete. Wie er diesem König dienen könne, fragte Christophorus. Indem er bete und faste, war die Antwort des Einsiedlers. Das sei aber nicht seins, das könne er nicht, meinte der Hüne, und ob er nicht etwas anderes tun könne. Da unten sei ein reißender Fluss, sagte der

Überlebensgroße Darstellung des heiligen Christophorus an der Außenwand von St. Georg in Taisten, Südtirol, von Simon von Taisten, 1498

Einsiedler, in dem viele Menschen umkämen, wenn sie hinüber wollten. Er könne sich dort niederlassen und mit seiner Größe und Kraft die Menschen über den Fluss tragen. Christophorus, froh, etwas gefunden zu haben, das er konnte, wollte künftig in dieser Weise seinem Herrn dienen. Eines Nachts hörte er eine Kinderstimme, doch als er aus seiner Hütte trat, war da niemand. Erst beim dritten Ruf sah er tatsächlich ein Kind vor der Hütte, das über den Fluss wollte. Er nahm das Kind auf seine Schulter, ergriff den Stab und ging in das Wasser. Das Wasser kam immer höher und das Kind wurde zunehmend schwer wie Blei. Sogar der Riese bekam diesmal Angst und fürchtete zu ertrinken. Nur mit aller Mühe brachte er das Kind auf die andere Seite des Flusses. Als er es wieder absetzte, sagte er zu ihm, dass es so schwer gewesen sei, als hätte er die ganze Welt tragen müssen. Darüber soll er sich nicht wundern, antwortete ihm das Kind, denn er hätte nicht nur die Welt getragen, sondern auch den, der die Welt erschuf. Er selbst sei Christus, der König, dem er dienen wolle. Als Christophorus zurückkam, steckte er, wie ihm das Kind aufgetragen hatte, seinen Stab in die Erde und am nächsten Morgen trug der Stab Blätter und Früchte wie eine Palme.

Die Karriere dieses Nothelfers war innerkirchlich immer wieder umstritten. Schon im Spätmittelalter gab es regionale Synoden, in denen man versuchte, den Kult des Christophorus zu verbieten. Vielleicht war die Version der Legenda aurea der Gegenversuch, ihm eine ausgeprägt christliche Note zu vermitteln. Trotzdem wurde er 1962 aus dem offiziellen Heiligenkalender gestrichen; blieb aber im deutschen Diözesankalender erhalten. Kult, Ikonografie und Volksgläubigkeit aber waren auch in diesem Fall nachhaltig stärker als die amtliche Rationalität. Anfang des 21. Jahrhunderts wurde Christophorus wieder ins Martyrologium Romanum aufgenommen.

Noch lange bevor er in jüngerer Zeit zum Patron der Reisenden wurde, galt Christophorus als Schutzmacht vor dem unvorhergesehenen Tod. Die Devise war: Wer am Morgen sein Bild betrachtete, galt für diesen Tag vor dem plötzlichen Tod geschützt. Aus diesem Grund wurden riesige Darstellungen des Christophorus mit dem Jesuskind an die Außenwände von Kirchen, Stadttürmen, Toren und Hausmauern gemalt. Manchmal findet man ihn auch auf der inneren Rückseite von Kirchen, damit man ihn spätestens beim Verlassen der Kirche nach der Frühmesse sah. Noch in der Barockzeit wurde er auf Pestsäulen, in Hospizen oder Pilgerhäusern verewigt und nicht selten sind Bruderschaften oder Apotheken nach ihm benannt worden. In moderner Zeit wurde er populär als Schutzpatron für Autofahrer und Verkehrsmittel, angerufen bei Fahrzeugsegnungen oder über Plaketten in Fahrzeugen. Die Hubschrauberstaffeln von ÖAMTC und ADAC wie auch das Kunden-Magazin von Porsche nennen sich heute noch „Christophorus".

ALS NOTHELFER

Nach dem Patronat gegen den plötzlichen und unerwarteten Tod wurde Christophorus vor allem zum Schutz für Reisende angerufen mit allem, was dazu gehört. Er wurde zum Patron des Verkehrs, der Furten und Bergstraßen, der Brückenbauer genauso wie der Fuhrleute, Schiffer, Flößer, Fährleute, Seeleute, Pilger, Reisenden, Autofahrer, Chauffeure, Luftschiffer und Straßenwärter. Einige weitere Berufszweige haben sich angeschlossen wie die Bergleute, Zimmerleute, Hutmacher, Färber, Buchbinder, Goldschmiede, Schatzgräber, Obsthändler und Gärtner. Seine Kraft empfahl ihn auch zum Patron der Athleten, seine Legende zum Patron der Kinder. Nachdem man ihm einiges zutraute, rief man ihn auch an bei Pest, Seuchen, Epilepsie, Augenleiden, Blindheit, Zahnweh, gegen Hagel, Feuer- und Wassergefahren, Dürre, Sturm und Unwetter.

Christophorus steht für die vorerst noch ungerichtete Kraft, die sich dann in den Dienst Christi stellt. Er ist nicht gebildet, kein Redner, kein Philosoph, sondern ein Tatmensch mit riesigen Kräften, der seinen Stecken auch in die Erde rammt. Das prädestinierte den gezähmten Hünen zum kräftigen Schutzpatron, dem man einiges zutraute.

ATTRIBUTE

Im Westen wird er fast ausschließlich als der Christus-Träger dargestellt, das Jesuskind auf den Schultern mit einem Stock oder Baumstamm durchs Wasser gehend.

GEBET

In einem alten Nothelferlied lautet das kurze Stoßgebet an Christophorus:

> „Heiliger Christophorus,
> auf deine Fürsprache
> bewahre uns Gott
> vor Unfall und plötzlichem Tod."

WETTERREGEL

Die mit ihm verbundenen Wetterregeln deuten auf einen bäuerlichen Zusammenhang:

> „Wenn Christoph kommt heran, man den Roggen schneiden kann."
>
> „Wenn gedeihen soll der Wein, muss der Christoph trocken sein."

DARSTELLUNG IN VORARLBERG

Es war eine spannende Entdeckung, die Anfang der 1990er-Jahre an einem inzwischen längst abgebrochenen Haus in Tschagguns (Montafon) gemacht wurde. An der Eingangsseite befand sich eine über vier Meter lange Hausinschrift, deren Inhalt mehrmals gelesen werden musste, um ihn auch zu verstehen. Zu lesen stand da: „Es ist ein Mann in der Welt, der klopfen wird an, wann du ihn hören wirst, musst du auf und davon." Beigefügt war auch die Jahreszahl der Entstehung „1772". Es handelte sich also um eine barocke Inschrift, die vermutlich um 1840 mit weißem Lack überstrichen wurde. Die Besitzer wollten diesen Satz nicht mehr lesen, vielleicht weil sie den Inhalt nicht mehr verstanden oder weil sie nicht mehr an ihn glaubten. Nach dieser barocken Vorstellung wurde der Tod als Mann personifiziert, der in der Welt und somit allgegenwärtig ist, und der jederzeit anklopfen kann. Tatsächlich haben sich im Alpenraum Inschriften mit derartig klaren Ansagen nicht erhalten. Am ehesten konnten sich lateinische Inschriften wie „memento mori" oder „respice finem" halten, die möglicherweise irgendwann auch nicht mehr verstanden wurden.

Diese Inschrift, die heute im Montafoner Heimatmuseum in Schruns aufbewahrt wird, führt uns auf direktem Weg zur Darstellung des heiligen Christophorus, dessen Schirmherrschaft vor dem unvorbereiteten plötzlichen Tod dazu führte, seine Gestalt möglichst gut sichtbar an die Außenseite von Gotteshäusern zu platzieren. Dass es sich der Legende nach ja auch um eine Riesengestalt gehandelt haben könnte, kam der überdimensionalen Abbildung sicherlich entgegen. Den heiligen Christophorus ereilte aber das gleiche Schicksal wie in der eingangs zitierten Inschrift. Seine ursprüngliche Bedeutung verlor an Kraft und so wurden die Darstellungen auch nicht gepflegt oder erhalten. Und bei Neubauten in nachmittelalterlicher Zeit verzichtete man in der Regel auf seine Darstellung.

In Vorarlberg gibt es noch letzte Reste von Christophorus-Bildern, die an Außenwänden zu entdecken sind: Stark zerstört etwa an der Chorscheitelwand der Kapelle im Kehr in Feldkirch; letzte Reste gibt es noch an der Westwand der Kirche St. Martin in Ludesch (hier mit einer Glocke, was die Menschen zu sagenhaften Erzählungen inspiriert hat, die nicht mit der Geschichte des Christophorus zu tun haben); in Feldkirch existieren weitere Darstellungen in Verbindung mit weiteren Heiligen, wie in St. Magdalena in Levis (wohl noch frühes 14. Jahrhundert) oder in St. Michael in Tisis (Mitte 15. Jahrhundert) wie auch in St. Margaretha am Margarethenkapf (Anfang 16. Jahrhundert); frühbarocke Darstellungen finden wir an der Lecher Pfarrkirche und bei der Gnadenkapelle am Rankweiler Liebfrauenberg, wieder im Kontext mit anderen Heiligen. Im Inneren eines Sakralraumes gibt es auch noch ein interessantes spätgotisches Christophorus-Bild, nämlich jenes aus der Bregenzer Martinskapelle.

Eine der schönsten Christophorus-Darstellungen in Vorarlberg entnehmen wir einem Nothelferbild, nämlich jenem vom rechten Seitenaltar in der Pfarrkirche Ludesch. Es wird keinem Geringeren als dem Schöpfer des Hochaltarbildes des Stephansdomes in Wien, Tobias Pock, zugeschrieben. Pock war 1612 in Konstanz geboren worden und machte in seiner Ausbildung zum Maler auch Studienreisen nach Italien. Sein Stil gilt als von der Augs-

Vierzehn Nothelfer, rechter Seitenaltar der Pfarrkirche Ludesch, Tobias Pock zugeschrieben, um 1640

burger und Münchener Schule beeinflusst. Möglicherweise kurz bevor Pock seinem älteren Bruder und Bildhauer Johann Jacob Pock nach Wien folgte, könnte das Werk in Ludesch entstanden sein, also so gegen 1640.

Im Mittelpunkt steht der heilige Veit mit seinem Kessel, nicht zum ersten Mal bei den hier betrachteten Nothelfer-Darstellungen. Die obere Reihe wird durch zwei Dreiergruppen bestimmt, links im Bild die heiligen Barbara, Margareta und Katharina, rechts die drei Bischöfe Blasius, Erasmus und Dionysius. Links im Bild sind in der mittleren Zone die heiligen Georg und Ägidius quasi als Verbindungselemente zwischen der oberen und unteren Gruppe anzusprechen. Diese untere Gruppe wird links vom heiligen Christophorus eingeleitet, es folgen im Hintergrund, nur als Köpfe zu sehen, die heiligen Pantaleon, Cyriakus und Achatius. Rechts bestimmt der heilige Eustachius mit seinem Hirsch das Bild und über ihm hat sich noch die große Gestalt des heiligen Antonius mit Kind und Lilie ins Bild geschmuggelt, eine übrigens durchaus häufiger den Nothelfern beigegebene Heiligenfigur.

Der heilige Christophorus zeigt sich uns als wunderbar kraftvolle Barockfigur. Die Dynamik der Szene ergibt sich aus der Schrägstellung des mit Zug ins Bild drängenden Heiligen, dem kraftvollen Griff seines Stockes, seiner Gewandung und vor allem durch das ins Licht gestellte Kind, das den Druck auf den Heiligen deutlich spürbar macht beziehungsweise das Drängen der Figur unterstreicht.

Das Nothelferbild aus der Kapelle in Kehlen bei Dornbirn rückt den heiligen Christophorus zentral in die Bildmitte. Künstlerisch ist jene Tafel, die vom Dornbirner Maler Johann Kaspar Rick im 19. Jahrhundert geschaffen wurde, aber deutlich nachrangig zu beurteilen und zeigt, welche einfache „Kunst" aus dem regionalen Umfeld in der Regel geübt wurde. Hier wird den Nothelfern im Übrigen weniger die Schirmherrschaft des Schutzes über die einzelnen Menschen zugesprochen, sondern – dem zugrunde gelegten Ortsprospekt von Dornbirn nach zu urteilen – die Nothelferfunktion der Stadt als Ganzes.

CYRIAKUS

GEDENKTAG
8. August

NAME
Der Name Cyriakus ist die latinisierte Schreibweise des griechischen „Kyriakos" und bedeutet „dem Herrn gehörig".

VISITENKARTE
Diakon, Heiler, Nothelfer

LEBEN UND WIRKEN

In einem Verzeichnis von Todestagen und Begräbnisstätten römischer Märtyrer von 345 (dem Depositio Martyrum des Chronographen) wird Cyriakus bereits erwähnt. Er war offensichtlich Diakon und als solcher hatte er nicht nur einen besonderen Dienst in der Liturgie, sondern dem Diakon war auch die Caritas anvertraut, die Sorge um arme und alte Menschen, Kinder und Kranke. Er starb vermutlich als Märtyrer Anfang des 4. Jahrhunderts und wurde am 7. Meilenstein der Via Ostiensis bestattet, einem kleinen Landfriedhof, der 1918 beim Bau der Bahnlinie nach Ostia zerstört wurde. Über Cyriakus wissen wir relativ wenig, vor allem sind auch die Legenden um seine Person eher dünn. Historisch könnte man daraus schließen, dass er vermutlich doch keine Legendengestalt war.

LEGENDEN UND VEREHRUNG

Eine Legende berichtet, dass die Tochter des Kaisers Diokletian von einem Teufel besessen gewesen sei. Der Teufel habe geschrien, dass nur Cyriakus ihn vertreiben könne. Nachdem er die Kaisertochter geheilt hatte, wurde er zum Perserkönig gerufen und auch dort gelang es ihm, seine besessene Tochter zu heilen. Als Dank für seine Tat habe Kaiser Diokletian ihn als bekennenden Christen geschont und ihm ein Haus geschenkt. Nach seiner Abdankung 305 soll Cyriakus dann unter Kaiser Maximian den Märtyrertod gefunden haben. Diese relativ bescheidene Geschichte mit einem präzisen geschichtlichen Rahmen lässt die Annahme zu, das Cyriakus möglicherweise als eine Art geistlicher Exorzist gewirkt hatte.

Manchmal wird er in Zusammenhang mit einer kleinen Kirche bei den Thermen des Diokletian genannt. Er soll beim Bau der Thermen als Christ zu Zwangsarbeit verpflichtet worden sein und sich dabei karitativ um die anderen Gefangenen gekümmert haben. Diese Geschichte könnte aber auf einer schon frühen Verwechslung mit einem anderen Heiligen desselben Namens beruhen.

Mehr Geschichten ranken sich um seine Reliquien. Einer mittelalterlichen Legende nach sollen seine Gebeine bereits im 9. Jahrhundert von der Via

Ostiensis in die Stiftskirche Neuhausen bei Worms überführt worden sein. Später kamen Teile der Reliquien nach Altorf im Elsass, Bamberg, Gernrode, Lorsch und andere Verehrungsstätten. Ab dem 10./11. Jahrhundert verbreitete sich seine Verehrung vor allem im mittel- und oberrheinischen Raum. In der Pfalz gilt er sogar als Winzerpatron.

ALS NOTHELFER

Da ihm die Gabe zugeschrieben wurde, „die Teufel zu binden", wurde er vor allem in seelischen Nöten angerufen, die mit dem Teufel in Verbindung gebracht wurden: Gewissensängste, Besessenheit, böse Geister, Versuchungen, Skrupel oder auch bei Anfechtungen in der Todesstunde. Die Strafarbeit an der Diokletian-Therme machte ihn zum Patron bei schwerer körperlicher Arbeit und Zwangsarbeit. Wie viele Nothelfer wurde er auch gegen Frost, Gewitter und schlechtes Wetter angerufen und in der Pfalz gilt er als Patron des Weinbaus und der Winzer.

Cyriakus erscheint in seinem kirchlichen Dienst als junger Mann mit einem Herz für die Nöte anderer und mit besonderen sensitiven Gaben, die ihn zum Heiler von Besessenen machen. Auch wenn wir heute nicht mehr von Besessenheit reden, kennen wir viele psychische Krankheitsbilder (Süchte, Depressionen u. a.), in denen Menschen gleichsam von dämonischen Bildern und Zwängen geknechtet sind und nicht mehr selber den Weg in die Freiheit finden.

ATTRIBUTE

Meist erscheint er als jugendlicher Diakon mit einem Teufel oder Drachen an der Kette. Als Diakon trägt er das liturgische Gewand der Dalmatik mit zwei parallelen Längsstreifen. Schwert und Palme zeichnen ihn als Märtyrer aus und manchmal hat er ein Buch mit dem Text zum Exorzismus in der Hand. Mitunter findet sich auch eine Anspielung auf die Tochter des Diokletian, die er von ihrer Besessenheit geheilt hat.

GEBET

In einem alten Nothelferlied heißt es:

„Wagt's der Satan, unsre Seelen
mit Versuchung hart zu quälen.
Cyriakus, zeig dein' Macht!
Weis ihn ab zu seiner Schande,
wie du manche Teufelsbande
von Besessnen ausgejagt."

WETTERREGEL

„An Cyriak viel Regen ist dem Wein kein Segen."

„Nach Cyriaki ist's nicht gut, wenn's Rebholz jetzt noch treiben tut."

DARSTELLUNG IN VORARLBERG

Eine der bemerkenswertesten Darstellungen des heiligen Cyriakus hat sich vom großen spätgotischen Meister Grünewald erhalten. Der Ausschnitt aus einem ehemaligen Altar und heute im Städel in Frankfurt aufbewahrten Werk zeigt uns den Heiligen als voluminös gewandete Figur, die trotz ihrer Entstehungszeit um 1509/11 schon richtig barock erscheint. Ihr beigefügt ist die Tochter des Diokletian, Artemia, die zu seiner Rechten vom Heiligen gehalten wird und deren apathischer Gesichtsausdruck die legendäre Besessenheit spiegeln soll. Mit der linken Hand hält Cyriakus das aufgeschlagene Buch vor sich, das ihm bei seinem Exorzismus entsprechende Dienste erweisen soll.

In Vorarlberg haben sich keine Einzeldarstellungen des Heiligen erhalten, aber im Verbund mit den Nothelfern begegnen wir ihm mehrfach. Charakteristisch ist, dass er stets als bartloser Jüngling im Gewand des Diakons dar-

Heiliger Cyriakus, Ausschnitt aus den Vierzehn Nothelfern, Deckenbild aus der Pfarrkirche Bartholomäberg, Michael Lorünser, 1732

gestellt wird. Bisweilen geht er in der Fülle und in der Dichte der abzubildenden Attribute aller Nothelfer ein wenig unter. So lässt ihn Tobias Pock, dem das Ludescher Altarbild der Nothelfer zugeschrieben wird, nur mit seinem ins Profil gesetzten Gesicht aus dem Hintergrund an der Szenerie teilhaben. Im Dalaaser Nothelfer-Bild von Franz Anton Simon (Heilig-Kreuz-Kirche, Altar) und in der Darstellung aus St. Michael in Feldkirch-Tisis ist ihm jeweils das geschlossene Buch beigefügt.

Die für ihn überregional charakteristischen Attribute des Teufels beziehungsweise des Drachens kommen in Vorarlberg zweimal in Kombination vor. Zum einen lässt Michael Lorünser in seinem Deckenbild in der Pfarrkirche von Bartholomäberg den heiligen Cyriakus mit seiner linken Hand auf das über ihm befindliche, von Licht umhüllte IHS-Zeichen verweisen, während zu seiner Rechten – von dieser wohl im Zaum gehalten – ein Drache mit Anklängen einer Menschengestalt zu erkennen ist. Die einfache Standfigur des Cyriakus befindet sich mitten in einer angedeuteten Landschaft. Während der Künstler offenkundig über keine allzu große Begabung verfügt und eher als Laie einzuordnen ist, überzeugt die ikonografische Ausstattung, die wohl auf das Wissen des kirchlichen Auftraggebers zurückzuführen sein dürfte.

Die Kombination aus Drachen und Teufelsgestalt ist auch in dem volkskundlich wertvollen Bild aus dem Bildstock in Nenzing-Gafrenga zu sehen. Auch hier charakterisiert der Maler den Heiligen als bartlosen jünglingshaft aussehenden Diakon, der in diesem Fall den Drachen mit Teufelsgesicht an einem Band festhält. Bleibt als noch letztes interessantes Beispiel das Deckenbild aus der Kirche in Partenen, das erst 1926 entstanden ist. Hier fügt der Künstler Anton Marte dem Heiligen eine Schlange zu, die er vor sich in seinen Händen hält.

DIONYSIUS VON PARIS

GEDENKTAG
9. Oktober

NAME
Dionysius bedeutet im Griechischen „dem Gott Dionysius geweiht".
Populäre Formen des Namens sind Denis (franz.) oder Dennis (engl.).

VISITENKARTE
Glaubensbote, Bischof, Märtyrer

LEBEN UND WIRKEN

Nach der „Vita Genovefae" wurde Dionysius von Papst Fabianus mit mehreren Gefährten zur Mission ins gallische Lutetia, dem heutigen Paris geschickt. Der römische Statthalter aber ließ ihn verhaften und mit seinen Gefährten enthaupten. Auf die heilige Genoveva von Paris (geb. um 422, gest. um 502) geht vermutlich die erste Kirche Saint-Denis über dem Grab des Dionysius zurück. In der Sammlung von Lebensgeschichten gallischer Heiliger des Gregor von Tours (538–594) gilt er um 250 als erster Bischof von Paris.

LEGENDEN UND VEREHRUNG

Die eigentliche Legendenbildung setzte im 9. Jahrhundert ein, als Abt Hilduin von Saint-Denis in seiner Lebensbeschreibung den heiligen Dionysius gleichsetzte mit ‚Dionysius Areopagita', womit er ein Kollege des Apostels Paulus gewesen wäre. Einst stand der Apostel Paulus auf dem Areopag mitten in Athen und predigte vorerst relativ erfolglos (Apg 17,16–34). Einige Männer aber schlossen sich ihm an und einer davon wird in Apg 17,34 namentlich genannt: Dionysius, der Areopagit. Diese unkorrekte Gleichsetzung aufgrund desselben Vornamens wurde schon im Mittelalter bestritten und als falsch erwiesen, hielt sich in der Heiligenverehrung aber bis ins 20. Jahrhundert. Auch mit dem Pseudo-Dionysius Areopagita hat er nichts zu tun, einem unbekannten christlichen Autor des frühen 6. Jahrhunderts, der selber den Namen als Pseudonym benutzte.

Mit dieser Gleichsetzung eines vom Apostel Paulus Bekehrten setzte auch die Legendenbildung ein. Dionysius sei auf dem „Berg der Märtyrer" (mons martyrium = Montmartre) enthauptet worden, habe sich danach aber wieder aufgerichtet, sein Haupt unter den Arm genommen und sei zu dem Ort gegangen, wo er begraben sein wollte, nach Saint-Denis. Das Motiv des Kephalophoren, des Mannes, der sein eigenes Haupt unter dem Arm trägt, kommt nicht nur bei Dionysius vor, sondern ist in etwa fünfzig Beispielen bekannt. In Vorarlberg wird das Motiv vom heiligen Eusebius erzählt, der sein Haupt wieder hinauf zum Koster Viktorsberg getragen haben soll.

Heiliger Dionysius, Bleiglasfenster in der katholischen Pfarrkirche Saint-Aignan de Chartres, frühes 16. Jahrhundert

Sicher ist aber, dass seine Grabstätte zum französischen Nationaldenkmal wurde. Schon bald nach Genoveva wurde die Kirche in erweiterter Form zur Grablege der Merowinger. Im Jahr 626 errichtete der fränkische König Dagobert die Abtei mit der Kathedrale Saint-Denis, die in Folge zur Grabstätte der Karolinger und dann über Jahrhunderte der französischen Könige wurde. Spätestens seit dem 9. Jahrhundert ist Dionysius der unbestrittene Nationalheilige der Franken und hat damit ein Stück weit den heiligen Martin abgelöst. Die Fahne des Dionysius begleitete Frankreich bei vielen Feldzügen und der Heilige wurde zum Symbol der französischen Staatsidee. Die Kathedrale von Saint-Denis, nördlich von Paris, gilt kunsthistorisch als der Gründungsbau der Gotik. Der legendäre Abt Suger ließ hier 1160 in der Apsis das erste spitzbogige Kreuzrippengewölbe errichten.

ALS NOTHELFER

Da Dionysius vor allem Patron von Frankreich war, sind seine Zuständigkeiten im deutschsprachigen Gebiet vergleichsweise beschränkt. Er wurde angerufen verständlicherweise bei Kopfweh, aber auch bei Tollwut, Gewissensunruhe und Seelenleiden, bei Hundebissen und Syphilis. Da sein Feiertag mancherorts auch der Beginn der Weinlese war, spielte er in diesen Gebieten für die Winzer eine Rolle.

Er war ein Mann, der mutig in ein fremdes, feindliches Gebiet ging, um dort seinen Glauben zu verkünden. Und er hat für seinen Glauben auch seinen Kopf hingehalten. Er ist bei weitem nicht der Kopflose, sondern der, der konsequent und unbeirrbar seinen Weg geht, auch wenn er sich dafür sonderbarer Mittel bedienen muss.

ATTRIBUTE

Dionysius wird seinen abgeschlagenen Kopf tragend dargestellt, wobei auf dem Haupt oft noch die Bischofsmitra sitzt; manchmal wird auch das Schwert mit abgebildet.

GEBET

Auf der Homepage der Basilika Vierzehnheiligen gibt es folgende Fürbitte:

„Heiliger Dionysius, auch wir sind oft in Gefahr,
in den Strapazen des Alltags den Kopf zu verlieren.
Steh uns bei, dass wir uns nicht unterkriegen lassen von unserer
Unzulänglichkeit, und zeige uns den geraden Weg zu ehrlicher Umkehr,
damit wir die Liebe und die Barmherzigkeit Gottes erfahren dürfen."

WETTERREGEL

„Regen an St. Dionys, viel Regen und Schnee im Winter gewiss."

„Donisl nass, Winter nass."

DARSTELLUNG IN VORARLBERG

Im Bamberger Dom begegnet uns der heilige Dionysius in einer hochmittelalterlichen Darstellung aus der Zeit gegen die Mitte des 13. Jahrhunderts. Die in Stein gehauene, am Übergang der Romanik zur Gotik stehende Skulptur zeichnet sich durch einen bemerkenswerten Faltenwurf aus, der vor dem Körper eine Reihe von Schüsselfalten zeigt, die darunter durch kaskadenartige Ausläufer ergänzt werden. Die plastisch sehr gut durchmodellierte Figur trägt dem Heiligen entsprechend den Kopf vor dem Körper in den Händen. Das Gesicht ist hinsichtlich der Augen, der Nase und des Mundes stark ausgeprägt, Bart und Haare sind durch unzählige Locken charakterisiert. Im Spätmittelalter und in der Frühen Neuzeit wird Dionysius fast ausnahmslos so wiedergegeben, erst die Nazarener im 19. Jahrhundert sind um eine weniger dramatische Darstellung bemüht.

Der heilige Dionysius kommt in der Region nur im Rahmen seiner Darstellung als Nothelfer vor. Wenden wir uns an dieser Stelle dem volkstümlichen

Dionysius von Paris

Vierzehn Nothelfer, Gemälde aus dem Kirchendepot in Lorüns, unbekannter Künstler, um 1780

Kleinod aus dem Kirchendepot in Lorüns im Montafon zu, das ein Nothelferbild vermutlich aus dem späten 18. Jahrhundert zeigt und dessen Künstler uns namentlich nicht bekannt ist. Die Nothelfer knien in zwei Reihen auf einer Wolkenbank, wobei die Komposition so gewählt wurde, dass die untere Reihe aus sechs Heiligen in zwei Dreiergruppen und die obere Reihe aus acht Heiligen in zwei Vierergruppen besteht. Sämtliche Figuren werden namentlich gekennzeichnet und – soweit erkennbar – mit dem Zusatz „Mart" als Märtyrer ausgewiesen. Alle Nothelfer richten ihren Blick der Mitte des Bildes zu, die zum einen vom Attribut der heiligen Barbara mit dem ins Zentrum gerückten Kelch mit deutlich sichtbarer Hostie und zum anderen aus dem darüber schwebenden Auge Gottes im Dreiecknimbus bestimmt wird.

Den Nothelfern kommt hier also über Vermittlung der heiligen Barbara die Rolle der Verehrung der heiligen Eucharistie zu, die wohl nicht nur für die Barockzeit ein wesentliches Element des katholischen Glaubens darstellt und die in der Regel mit inhaltlich auf die Eucharistie bezogenen Abbildungen im Chor einherging. Daran erinnern vor allem viele Abendmahlsbilder, aber zuweilen auch die Darstellung Jesu mit den Jüngern von Emmaus.

Der heilige Dionysius befindet sich im Lorünser Bild in der oberen Reihe, wo er rechts zwischen den heiligen Margareta und Erasmus seinen Platz einnimmt. Die Beschriftung wäre einmal mehr nicht notwendig gewesen, aber während das eine oder andere Attribut nicht immer deutlich identifizierbar ist, kommen wir an der Darstellung des in den Händen gehaltenen Hauptes nicht vorbei und es ist auf den ersten Blick erkennbar, um wen es sich handelt. Der historischen Vorstellung eines offenen Halses entsprechend lässt uns der Künstler auf ein undefinierbares, nach oben hin ausgefranstes Gewebe, natürlich in Rot gehalten, blicken.

Kephalophoren sind, wie bereits erwähnt, sogenannte Kopfträger und beschreiben Heilige, die zum Schrecken der umstehenden Personen nach ihrer Enthauptung ihren Kopf aufheben und mit diesem zu jener Stätte schreiten, an welcher sie begraben werden wollen. Dazu zählen in der näheren Umgebung der hier auch schon genannte Eusebius von Viktorsberg ebenso wie Placidus von Disentis (Surselva) sowie Victor von Tomils (Domleschg) und Gaudentius von Casaccia (Bergell), die alle Graubünden zuzuordnen sind.

ERASMUS VON ANTIOCHIEN

GEDENKTAG

2. Juni

NAME

Der Name ist die latinisierte Form des griechischen Namens „Erasimos" und bedeutet der Liebenswürdige, der Begehrenswerte. In den nordeuropäischen Sprachen ist der Name als Rasmus verbreitet.

VISITENKARTE

Flüchtender und Held, Seelsorger und Nothelfer

LEBEN UND WIRKEN

Die Verehrung des Erasmus dürfte schon auf das 6. Jahrhundert zurückgehen, doch eine historische Person wird schwer greifbar. Historisch gesicherte Zeugnisse gibt es keine. Eine ausführliche, legendenhafte Lebensbeschreibung entstand im 9. Jahrhundert, eine kürzere Fassung im 11. Jahrhundert. In diesen Legenden wird er zweimal gemartert, doch die Szenen sind einander täuschend ähnlich, was einen geschichtlichen Kern in Frage stellt.

LEGENDEN UND VEREHRUNG

Diesen Legenden nach war er Bischof von Antiochien und versteckte sich vor der Christenverfolgung des Diokletian. In Analogie zum alttestamentlichen Propheten Elias versorgte ihn ein Rabe sieben Jahre lang mit Nahrung, bis ihm ein Engel gebot, nach Antiochien zurückzukehren. Sowohl in Antiochia wie später nochmal in Sirmium soll er grausam gemartert worden sein, wobei er alle diese Martern unbeschadet überstand. Er überstand das kochende Öl ebenso wie das Ausdärmen „in strahlender Schönheit", wie es in der Vita heißt. Bei der Ausdärmung sollen ihm auf grausame Weise mit einer Seilwinde die Gedärme aus dem Bauch gezogen worden sein.

Nachdem er auch nach der zweiten Serie von Foltern am Leben blieb, fuhr er mit dem Schiff auf Geheiß des Erzengels Michael nach Formio in Süditalien. Mit seinem Gebet konnte er bei einem Seesturm das Meer beruhigen (vgl. Jesus im Neuen Testament). In Formio wirkte er noch weitere sieben Jahre als Seelsorger und sei dann in hohem Alter gestorben. Eine andere Legende lässt ihn in Formio an den Folgen seiner Martern sterben, womit er als Märtyrer gelten würde.

Seine Gebeine wurden im 9. Jahrhundert nach Gaeta nördlich von Neapel gebracht, wo er der Schutzpatron der örtlichen Kathedrale ist. Nach ihm ist auch das sogenannte Elmsfeuer benannt, blaue Flämmchen durch elektrische Entladungen bei schweren Gewittern, die an den Mastspitzen von Schiffen öfter vorkamen. Wenn die Seeleute diese Feuer sahen, glaubten sie sich von dem Heiligen geschützt.

Legenden und Verehrung

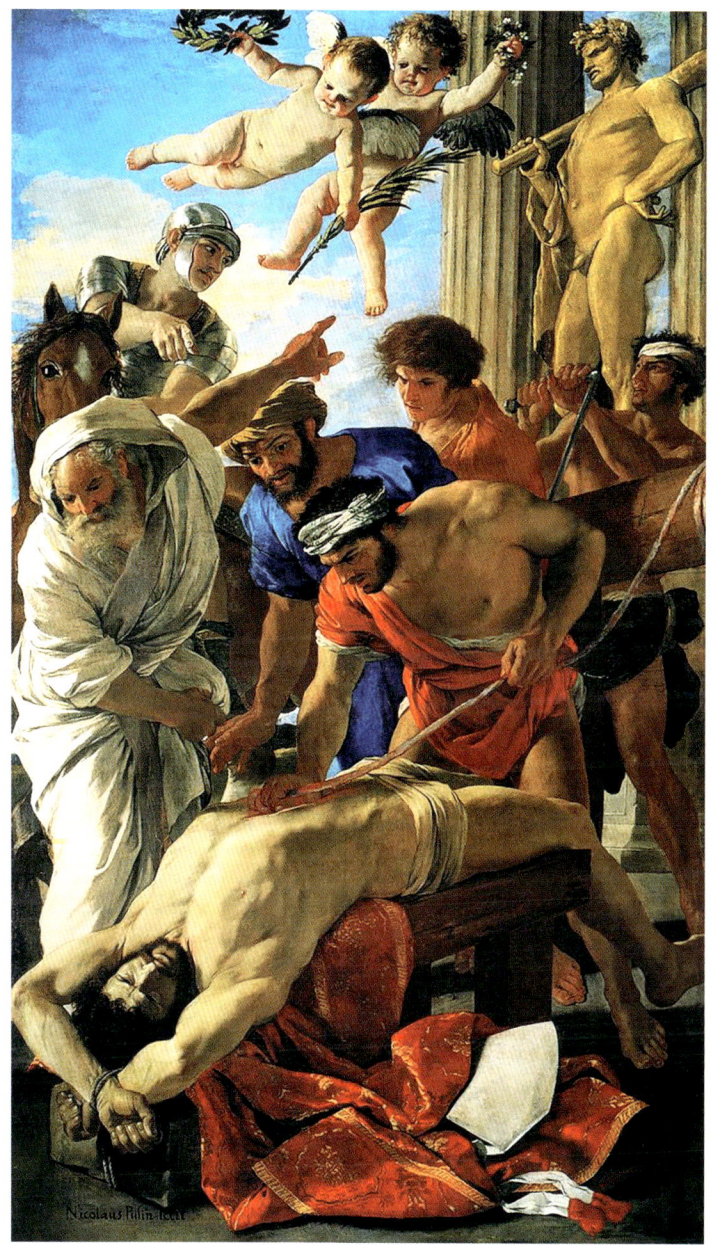

Auf grausame Weise wurden Erasmus die Gedärme herausgezogen. Gemälde von Nicolas Poussin in den Vatikanischen Museen in Rom, 1628

ALS NOTHELFER

Aufgrund der Szenen auf dem Meer galt er vor allem als Patron der Seeleute und Schiffsreisenden, von denen er häufig auch gegen Feuersgefahr auf den Holzschiffen angerufen wurde. Die Seile der Winde oder auch der Schiffe machten ihn zum Patron der Seiler, Drechsler und Weber. Seine Martyrien qualifizierten ihn für vielerlei Themen der Bauchgegend: gegen Krämpfe, Koliken, Magenleiden, aber auch Geburtsschmerzen, Unterleibsbeschwerden und bei der Geburt.

Zuerst flüchtete Erasmus vor der drohenden Folter, Angst vor Schmerz und Qual muss ihm vertraut gewesen sein. Doch dann wurde ihm klar, dass er sich diesen Dingen stellen musste. Gestärkt durch den Ruf des Engels überstand er alle Qualen, die man ihm antat. Auch die Stürme des Meeres, die Wellen und Strudel konnten ihm nichts anhaben. Gereift auf diesem Weg wurde er zum Seelsorger für andere Menschen.

ATTRIBUTE

Häufige Attribute sind die Mitra und der Bischofsstab, die ihn als Bischof von Antiochia ausweisen. Seilwinde und Kessel sind die Attribute seines Martyriums, das Ausdärmen und das siedend heiße Öl.

GEBET

Ein alter Nothelferruf lautet:

„Du, Erasmus, hast in Banden
und in Peinen fest gestanden
wie ein Fels in wilder Flut!
Hilf uns unser Kreuz doch tragen,
ohne Murren, ohne Klagen;
fleh zu Gott um Kraft und Mut!"

WETTERREGEL

„An Erasmus viel Donner, verkündet trüben Sommer."

DARSTELLUNG IN VORARLBERG

St. Elmo's Fire war ein Kinoklassiker der 1980er-Jahre mit starker Besetzung, vor allem wenn man bedenkt, was aus den damals jungen Schauspielerinnen und Schauspielern später geworden ist. Der Musiktitel zum Film mit gleichen Namen und gesungen von John Parr brachte es zur Nummer eins in den amerikanischen Charts und klingt ihnen vielleicht noch in den Ohren. St. Elmo's Fire bezieht sich auf das Elmsfeuer, ein Begriff, der für das Phänomen aufgeladener Metalle im Vorfeld und während eines Gewitters steht und das bis zu sichtbar glühenden Partien führen kann. Bekannt ist dies sowohl auf hoher See etwa bei Schiffsmasten als auch zum Beispiel bei Fixseilen aus Metall, die wir in den Bergen finden. Was hat aber nun dieses Feuer und diese Einleitung mit dem heiligen Erasmus zu tun?

Wie wir schon festgehalten haben, ist das Herausziehen der Gedärme mithilfe einer Seilwinde eines der grausamen Martyrien, die Erasmus der Legende nach erleiden musste. Die Kunstgeschichte hat diesen Aspekt aufgegriffen und die Seilwinde mit den aufgespulten Gedärmen zu einem häufig verwendeten Attribut des Heiligen verwendet. Wir finden diese Beigabe letztlich auch bei allen Erasmus-Darstellungen in Vorarlberg.

Ein schönes Beispiel für die Volkskunst ist etwa jenes Tafelbild der Vierzehn Nothelfer, das sich im Bildstock des Ortsteils Gafrenga in Nenzing erhalten hat und aus dem Jahr 1712 stammt. Das Bild ist von einem Lebensbaum bestimmt, der die Vorstellung einer Verbindung von Unterwelt, Erde und Himmel verkörpert und dies auch in dem beschriebenen Bild tut. Der Lebensbaum mit Weintrauben und Weinranken an seinen Ästen wächst aus dem Fegefeuer hervor, in welchem mehrere „arme Seelen" händeringend um Hilfe flehen. Die Inschrift am unteren Rand verstärkt den Charakter eines Votivbildes, indem das Gebet für die im Fegefeuer gefangenen Menschen erwünscht wird („Bettet disen Heiligen zu Ehren ein heiliges Vater Unser und Ave Maria

Erasmus von Antiochien

Vierzehn Nothelfer mit heiliger Maria mit Kind, Kruzifix und Dreifaltigkeit, Bildstock in Nenzing-Gafrenga, unbekannter Künstler, 1712

für die armen Seelen in dem Fegfeuer"). An den Ästen sind Porträts der Vierzehn Nothelfer sowie der heiligen Matthäus und Antonius angebracht. Am Fuß des Baumstamms sitzt Maria mit dem Kind. Darüber sehen wir Christus als Kruzifix am Baumstamm hängen, wobei die obere Teilung der Äste optisch das Kreuz vollendet. Die Taube des Heiligen Geistes und über allen Gottvater, auf einer Wolkenbank sitzend, ergänzen die Mittelachse.

Zur Rechten Jesu (und damit für den Betrachter links von Jesus) ist an erster Stelle der heilige Erasmus mit seiner Seilwinde zu sehen. Das Schriftband erklärt uns wie bei allen anderen abgebildeten Heiligen den Namen („S. Erasmus"). Der Heilige ist als Bischof mit seiner klassischen Kopfbedeckung, der Mitra, und dem Bischofsstab wiedergegeben. Der unbekannte Künstler hat seinen Kopf, wie alle anderen Heiligen im Übrigen auch, mit einem strahlenden hellen Lichtschein hinterlegt, der hier die Bedeutung eines Heiligenscheins bekommt. Bei Gottvater, der als ganze Figur ins Licht gerückt ist, ist schwach ein dreieckiger Nimbus zu sehen, was durchaus charakteristisch für seine Wiedergabe in der Kunstgeschichte ist. Erasmus hält in seiner rechten Hand die Seilwinde, wobei das aufgerollte Material als solches nicht zu identifizieren ist.

Nicht zuletzt dürfte dem gläubigen Volk der legendäre Hintergrund dieser Winde und was auf dieser Winde zu sehen ist, mit der Zeit aus dem Sinn gekommen sein. Statt der Gedärme wurden vielmehr Seile gesehen und so überrascht es auch nicht, dass seine Patronanz für die Seiler auf der einen Seite und die Schiffsleute auf der anderen Seite verstärkt wurde. Und Letzteres führte dazu, dass Erasmus, der auf Portugiesisch Elmo heißt, auch für das nach ihm benannte Elmsfeuer herangezogen und sein Schutz bei heraufziehenden Gewittern wichtig wurde.

Die veränderte Interpretation aufgrund des Nichtverstehens eines Attributs wird hier zu einer spannenden Geschichte mit großen Auswirkungen, auch wenn wir nicht mit hundertprozentiger Wahrscheinlichkeit sagen können, dass es genauso abgelaufen ist. Ganz ähnlich verhält es sich ja mit der heiligen Agatha, deren Martyrium (das Abschneiden ihrer Brüste) in Form zweier auf ein Buch gelegte Brüste Eingang in ihre kunsthistorische Darstellung gefunden hat, später aber auch nicht mehr verstanden wurde und dem zunächst Sicht- und vielleicht dann auch nur Denkbaren zufolge als Brot interpretiert wurde.

EUSTACHIUS

GEDENKTAG
20. September

NAME
Die Herkunft des Namens ist nicht eindeutig. Vermutlich stammt er vom griechischen Eustathios und bedeutet: der Standfeste. Er könnte sich aber auch auf die gute (gr. „eu") Ähre (gr. „stachys") beziehen, die gute Frucht.

VISITENKARTE
Der leidgeprüfte Nothelfer

LEBEN UND WIRKEN

Die Legende des Eustachius ist tatsächlich zu phantastisch, um einen historischen Kern zuzulassen. Sie geht auf eine sogenannte Wandererzählung zurück, die aus Indien über Mesopotamien, Griechenland und Süditalien nach Westeuropa gekommen ist. Im Abendland gibt es griechische (9. Jahrhundert) und lateinische (10. Jahrhundert) Fassungen der Legende, die dann in verschiedenen Volkssprachen nochmal ausgebaut wurden. In die Geschichte mischten sich auch Elemente der alttestamentlichen Erzählung von Hiob, dem von Gott geprüften Mann, und Eustachius galt in der Verehrung entsprechend als der zweite Hiob. Die Legende von der Erscheinung mit dem Hirsch ging im frühen Mittelalter auf den heiligen Hubertus (von Lüttich) über, der im Spätmittelalter zumindest in Mitteleuropa die Verehrung des Eustachius verdrängte. Umso erstaunlicher ist, dass er als einer der Vierzehn Nothelfer erhalten blieb.

LEGENDEN UND VEREHRUNG

Nach der Legende, wie sie erzählt wird, war ein Mann namens Placidus Befehlshaber einer römischen Legion in Kleinasien unter Kaiser Trajan; was um die erste Jahrhundertwende gewesen sein müsste. Auf der Jagd im Wald begegnete ihm ein stattlicher Hirsch mit einem umstrahlten Kruzifix in seinem Geweih. Ähnlich dem neutestamentlichen Saulus fiel er vor Schreck vom Pferd und Christus fragte ihn: „Warum verfolgst du mich?" Er habe Himmel und Erde erschaffen und sei der Herr über Licht und Finsternis. Die Erscheinung wiederholte sich auch bei seiner Frau. Darauf ließ er sich mit seiner Familie taufen und nahm den Namen Eustachius an.

Danach folgt die Hiob-Variation, die ihm schon in der zweiten Erscheinung vorhergesagt wurde, und in der er vorerst Hab und Gut und Familie verlor. Zuerst tötete eine Seuche alle seine Knechte und Mägde sowie sein ganzes Vieh. Als darauf Räuber sein Haus überfielen, konnte sich die Familie nur mit dem nackten Leben retten. Er floh auf ein Schiff nach Ägypten, doch der Fährmann wollte seine Frau als Lohn, was Eustachius verweigerte. Darauf warf man ihn und seine beiden Söhne über Bord. Wieder an Land folgte die nächste Prüfung: Ein Wolf entführte den einen Sohn und ein Löwe den anderen. Später verjagten Bauern den Wolf und einige Hirten den Löwen, doch die beiden Söhne wurden getrennt und wuchsen in unterschiedlichen Dörfern auf. Er selber wusste nichts vom Verbleib seiner Kinder und musste in einem anderen Ort seinen Lebensunterhalt als Knecht verdienen.

Als Kaiser Trajan eines Tages in Bedrängnis kam, erinnerte er sich an seinen Feldherrn und ließ ihn suchen. Erst nach fünfzehn Jahren wurde er gefunden und in einem feierlichen Tross zurückgebracht. Nur durch Zufall entdeckte Eustachius in der Reisetruppe seine beiden Söhne als römische Soldaten und wie es das Schicksal nun wollte, entdeckte er auf dem Rückweg auch seine Ehefrau und so kehrt die wiedervereinte Familie nach Rom zurück. Inzwischen war Hadrian römischer Kaiser, der Eustachius mit einem Ehrenmahl empfing. Als dieser aber ein Tieropfer verweigerte, warf der Kaiser ihn und seine Familie den Löwen zum Fraß vor. Die Löwen jedoch verneigten sich vor ihnen. Darauf wurden sie in einen bronzenen Stier gesteckt, unter dem ein Feuer entzündet wurde. Auf diese Weise fanden sie ihren Tod, wobei die Leiber nach drei Tagen unversehrt gefunden worden seien.

Die Verehrung des Eustachius ist in Rom ab dem 8. Jahrhundert nachweisbar. Die angeblichen Gebeine des Nothelfers befinden sich in den Kirchen S. Eustachio in Rom und St. Eustache in Paris.

ALS NOTHELFER

Nach der Begegnung mit dem Hirsch gilt er als Patron der Förster, Jäger und der Schützenvereine. Dazu gesellten sich noch die Berufe der Tuchhändler, Krämer und Klempner. Angerufen wurde er bei Trauerfällen, in schwierigen Lebenslagen und in Glaubenszweifeln. In jüngerer Zeit gilt er auch als Nothelfer gegen die Zerstörung der Natur.

Eustachius ist ein geplagter Mann, der vom Leben stark auf die Probe gestellt wurde. Als alles wieder in Ordnung schien, kam die letzte Probe. Christus erschien ihm zwischen dem Geweih eines Hirsches und zuletzt erkannten sogar die Löwen, wen sie vor sich hatten. Seine Person steht in einem besonderen Verhältnis zur Natur.

ATTRIBUTE

Dargestellt wird er im Osten meist als gerüsteter Krieger, sei es als römischer Offizier oder als Ritter, im Westen in Vermengung mit Hubertus häufiger als Jäger. Szenisch dominiert die legendäre Begegnung mit dem Hirsch.

GEBET

Die Fürbitte der Basilika Vierzehnheiligen bezieht sich zeitgemäß auf den Schutz der Natur:

„Einst bist du, heiliger Eustachius, Gottes Huld begegnet,
der den schönen Hirsch erschuf und die Schöpfung segnet. Hilf uns,
die Natur zu verstehen und in ihr die Spuren des Schöpfers zu sehen."

WETTERREGEL

„Wenn Eustachius weint statt lacht, Essig aus dem Wein er macht."

„Trocken wird das Frühjahr sein, wenn Sankt Eustach klar und rein."

DARSTELLUNG IN VORARLBERG

Die Heiligen erzählen großartige Geschichten und nicht zuletzt greift dieses Buch ja auch diesen Aspekt heraus. Die Kenntnis der Heiligen gibt dem Betrachter aber auch Möglichkeiten der geografischen Zuordnung, wie dies Bistumsheilige oder in Vorarlberg auch die sogenannten Walserheiligen (Theodul) etwa bewirken können. Damit einher geht aber auch die Irreführung. Wenn in Vorarlberger Kunsthandbüchern ein heiliger Hubertus aus mittelalterlicher Zeit genannt wird, heißt das noch nichts, denn der Altar in der kleinen Kapelle in Riezlern (Kleinwalsertal), in welchem er sich befindet, wurde erst 1907 aus Meran angekauft. Tatsächlich tun wir uns schwer, den heiligen Hubertus wie den heiligen Eustachius in frühen Beispielen in Vorarlberg namhaft zu machen. Eustachius tritt in barocker Zeit aber vielfach in Nothelfer-Darstellungen auf, während der heilige Hubertus in Vorarlberg als signifikanter Jagdpatron erst im 20. Jahrhundert so wirklich heimisch wird.

Aus den hier getroffenen Feststellungen kommt dem Deckengemälde der Vierzehn Nothelfer in Partenen (südliches Montafon) eine besondere Bedeutung zu. Künstler ist der Kirchenmaler Anton Marte aus Schnifis, der 1926 den Auftrag in der Martinskirche von Partenen umgesetzt hatte. Marte hatte als nichtakademisch ausgebildeter Künstler vornehmlich auf Leinwand gearbeitet, eine Technik, von der er auch nicht bei der Umsetzung von Decken- und Wandbildern in Kirchen abwich. Zum gegenständlichen Werk in Partenen existiert eine Vorzeichnung des Künstlers, die heute im *vorarlberg museum* aufbewahrt wird.

Marte erweist sich als guter Komponist, indem er den einzelnen Heiligen im Bild entsprechende Positionen zuweist. Die ganze Szenerie ist in eine minimalistisch angedeutete Landschaft gesetzt, die lediglich durch die farbliche Bildung eines kurzen Horizonts in der Bildmitte im Hintergrund sichtbar wird. Der Turm der heiligen Barbara als architektonisches Versatzstück ist ebenfalls in der Bildmitte angeordnet. Sie gibt dem Bild eine Art Bodenhaftung, während die vielen Wolken in einen transzendenten himmlischen Bereich weisen. Interpretieren wir die Szenerie also großzügig, indem wir ihr die Andeutung des himmlischen Jerusalem zuerkennen. In der Spitze des Ovals ist Maria mit dem Kind auf eine Wolkenbank gesetzt. Zu ihrer Linken und Rechten sind in symmetrischer Form die beiden Heiligen mit den Drachenattributen, Georg und Margareta, mit annähernd gespiegelten Darstellungen ihrer Drachen zu sehen. Unter Georg haben Blasius, Achatius, Katharina, Veit und Ägidius ihren Platz gefunden; unter Margareta sind Barbara, Erasmus, Cyriakus (hier mit Schlange!), Dionysius (als einfacher Bischof ohne abgeschlagenes Haupt), Pantaleon (mit unklarem Attribut, vielleicht der Stamm eines Olivenbaums?) und Christophorus zu sehen.

Bleibt noch der heilige Eustachius, der im Vordergrund in die Bildmitte gerückt ist, dem Betrachter seine Rückseite zeigend. Die am Rücken des Heiligen deutlich sichtbaren Utensilien, wie Armbrust und Horn, charakterisie-

*Vierzehn Nothelfer, Deckenbild in der Kirche von Partenen,
Anton Marte, 1926*

ren den Abgebildeten als Jäger. Vor ihm sitzt der Hirsch, wo das strahlende Kreuz zwischen dem Geweih sichtbar wird. Der heilige Eustachius bedeckt mit seiner erhobenen Rechten behutsam einen Teil des Kreuzes und schafft durch diese Verbindung eine besondere Hervorhebung des Motivs. Es entzieht sich unserer Kenntnis, ob sich unter den Förderern dieses Bildes Jäger befanden, überraschen würde es uns aber nicht.

GEORG

GEDENKTAG
23. April

NAME
Der Name stammt aus dem Griechischen (Georgos) und bedeutet Bauer, Landwirt. Im deutschen Sprachraum ist er ebenfalls gebräuchlich als Jürgen, Jörg, York oder auch als Schurli, Schorsch (vom franz. Georges). Es ist einer der verbreitetsten Vornamen: Giorgio oder Gino (italienisch), György (ungarisch), Jure (kroatisch), Jorge (spanisch/portugiesisch), Jiří (tschechisch), Jerzy oder Jurek (polnisch) usw.

VISITENKARTE
Ritter, Held und starker Beschützer

LEBEN UND WIRKEN

Als großer Held und Kämpfer scheint Georg noch in der Spätantike eine ideale Projektionsfläche für entsprechende Legendenbildung gewesen zu sein. Er wird schon ab dem 6. Jahrhundert zu einem Prototyp der sogenannten Märtyrer vom unzerstörbaren Leben. Das sind Martyrer, die einer Vielzahl tödlicher Qualen hintereinander unterzogen werden, aber immer wieder mit göttlicher Hilfe unversehrt aus der Marter hervorgehen.

Als historische Figur wird Georg deshalb nicht fassbar. Er soll im 3. Jahrhundert in Kappadokien gelebt haben und nach seinem Martertod in Lydda, dem heutigen Lod in der Nähe von Tel Aviv, bestattet worden sein. Ein zeitgenössischer Hinweis des Eusebius von Cäsarea ist sehr knapp und nüchtern. Die älteste Beschreibung seiner Martern geht ins 5. Jahrhundert zurück, ist aber bereits in verschiedenen Fassungen und Ausschmückungen überliefert.

LEGENDEN UND VEREHRUNG

Als Märtyrer sei er vor allem vom Erzengel Michael immer wieder zum Leben erweckt worden; was ihn vielleicht später zum zweiten Drachentöter neben dem Erzengel prädestinierte. Nach den einen Legenden litt er unter einem Perserkönig, nach anderen unter einem grausamen Richter im Auftrag von Kaiser Diokletian. Einmal habe man ihm sechzig Nägel in den Kopf geschlagen. Ein andermal ließ man ihm mit Nägeln die Haut blutig reißen und Salz in die Wunden streuen. Einen vergifteten Trank überlebte er ebenso wie das Rad, auf das man ihn geflochten hatte. Sogar aus einem Kessel mit siedendem Blei entstieg Georg unversehrt. Am Ende ließ man ihn enthaupten, was in derartigen Legenden am Ende immer wieder das Wirksamste schien.

Vom legendären Drachen ist erst viel später die Rede. Großen Aufschwung erhielt die Verehrung Georgs, der zuvor im Osten noch mehr präsent war als im Westen, im Rahmen der Kreuzzüge. Ähnlich wie in verschiedenen Rittermärchen verbindet sich mit seiner Gestalt die Figur des Drachentöters. Als solcher findet der Ritter Georg Eingang in viele mittelalterliche Dichtungen. Der Legende nach soll er bei der Einnahme Jerusalems dem Kreuzritterheer

Legenden und Verehrung

Szenen aus der Legende vom heiligen Georg, unbekannter Maler, Groeninge-Museum, frühes 16. Jahrhundert in Brügge

als helfender weißer Ritter mit rotem Kreuz auf der Brust erschienen sein, was viel zur Verbreitung des Georgskults in den christlichen Ländern beigetragen hat.

Die Legende vom Drachen, in vielen Versionen erhalten, erzählt Jacobus de Voragine in seiner Legenda aurea ungefähr so: In der Nähe einer großen Stadt gab es einen See, in dem ein giftiger Drache wohnte. Das Volk konnte ihn nicht besiegen und immer wieder kam er bis unter die Mauern der Stadt, wo er alles mit seinem Gifthauch verpestete. Um ihn zu besänftigen, opferten ihm die Bürger der Stadt täglich zwei Schafe. Als man nicht mehr genug Schafe hatte, beschloss man, dem Drachen jeweils ein Schaf und einen jungen Menschen zu opfern. Als schon fast alle Söhne und Töchter geopfert waren, fiel das Los auf die Königstochter selbst. Ihr Vater wollte sie freikaufen, doch damit lud er nur den Zorn der Bevölkerung auf sich. Er zog ihr prächtige Kleider an, segnete sie unter Tränen und verabschiedete sich von ihr. Als die Königstochter sich zum See aufmachte, kam ihr Georg als Ritter entgegen. Sie mahnte ihn, er solle flüchten, damit ihm nicht auch noch etwas passiere. Auf sein Drängen hin erklärte sie ihm die Sache mit dem Ungeheuer. Als sich der Drache bereits nahte, schwang sich der edle Ritter auf sein Ross, bekreuzigte sich und ritt dem Ungetüm entgegen. Mit der Wucht seiner Lanze traf er den Drachen schwer und forderte die junge Frau auf, ihm ihren Gürtel um den Hals zu legen. Und siehe da: Der Drache folgte ihr wie ein zahmes Hündlein. So führte die Königstochter den Drachen in die Stadt. Die Menschen aber erschraken, fürchteten sich und flüchteten aus der Stadt. Georg aber rief ihnen zu, dass sie sich nicht zu fürchten brauchen, denn Gott der Herr habe ihn gesandt, um sie von dem Drachen zu erlösen. Darauf ließen sich der König und das ganze Volk taufen. Georg zog dann das Schwert, um den Drachen endgültig zu töten. Vier Paar Ochsen habe es gebraucht, das riesige Ungetüm aus der Stadt zu bringen. Das Geld aber, das der König dem edlen Retter gab, verteilte Georg unter den Armen.

Die Legende zeigt typische Züge mittelalterlicher Rittergeschichten mit märchenhaften Beimengungen. Die Ritterepen des Mittelalters waren zugleich Erziehungsromane, die den jungen Männern die korrekten ritterlichen Tugenden vor Augen führen sollten; und ihnen dafür hübsche Königstöchter versprachen. Die Legende vom heiligen Georg ist eine gleichsam christlich intensivierte Variante davon, was sich im Bekreuzigen und in der Taufe des ganzen Volkes zeigt, nicht zuletzt aber auch in der karitativen Geste des Ritters, der seine Belohnung den Armen schenkt. In dieser Version spielte die Georgslegende für die christlichen Kreuzritter eine bedeutende Rolle, da hier der ritterliche Heldenmut mit dem Kampf für den Glauben in idealer Weise miteinander verbunden war. Georg war auch lange Zeit vorrangig der Patron der Herrschenden, der Ritter und des Adels, der Patron von Ländern, Städten, Burgen und Herrscherhäusern. Noch Kaiser Maximilian, der bekanntlich „letzte Ritter", schrieb sich Georg in seinen eigenen Stammbaum ein. Insofern verwundert vorerst seine Aufnahme in den Reigen der Vierzehn Nothelfer. Vielleicht steckt dahinter eine Art ‚Demokratisierung' dieses heiligen Helden, da das einfache Volk nicht weniger Bedürfnis nach einem starken Beschützer hatte.

Die Verehrung Georgs ist kaum zu überblicken und beginnt im Vorderen Orient schon im 4. Jahrhundert. Der orthodoxe „Großmärtyrer" wurde in der Ostkirche vorerst stärker verehrt als im Westen. In vielen griechischen Kirchen stehen die vier Bannerträger Georgios, Demetrios, Prokopios und Theodoros als äußerst mannhafte Soldatenheilige in den Fresken der Seitenwände, Ausdruck eines Glaubens, der auch mit männlichem Heldenmut kompatibel scheint. In einigen Überlieferungen gelten Demetrios und Theodoros als seine ihm hilfreich beistehenden Brüder.

Im 8. Jahrhundert gab es auch im europäischen Westen bereits einige Kirchen, die ihm geweiht waren. Das althochdeutsche Georgslied und die Übertragung einer Kopfreliquie ins Kloster Oberzell auf der Insel Reichenau (Georgskloster) gaben seiner Verehrung einen erneuten Auftrieb. Vor allem der männliche Adel, der durchwegs selber im ritterlichen Kampf tätig war, förderte seine Verehrung. Der Schlachtenhelfer bei der Eroberung Jerusalems durch die Kreuzfahrer (1099) wurde als Soldat Christi zur Identifikationsfigur der Ritter, zum Heiligen unzähliger Ritterorden von den Templern bis zum englischen Hosenbandorden. Nachdem er sich als Schutzpatron von Richard Löwenherz im Kreuzzug bewährte, wurde er zum Schutzpatron ganz Englands bestimmt und sein Namenstag als nationaler Feiertag begangen. Noch heute bildet das rote Georgskreuz auf weißem Untergrund die englische Flagge, die später in den Union Jack eingegangen ist. Viele Länder

Georg

Russische Ikone mit heiligem Georg

übernahmen das Patronat Georgs wie das ehemalige Byzantinische Reich, Georgien, Äthiopien, Griechenland, Serbien oder Litauen. Der Versuch, im Zuge des II. Vatikanischen Konzils, Georg wegen seines legendären Charakters aus dem Verzeichnis des römischen Generalkalenders zu streichen, wurde offensichtlich bald wieder rückgängig gemacht. So einfach dürften derartige rationalen Bemühungen im Heiligenregister nicht sein, wenn ein Name so verbreitet ist und sich nicht zuletzt ganze Staaten auf ihn berufen bis hin zum Landeswappen.

ALS NOTHELFER

Das Vorbild christlicher Tapferkeit gilt selbstverständlich als Patron der Kreuzfahrer, Soldaten und Reiter und in diesem Sinn später auch als Patron der Pfadfinder. Andere eher krafttraubende Berufsstände gesellten sich hinzu wie die Bergleute, Schmiede, Waffenschmiede, Böttcher oder Sattler. Dass sich auch die Artisten, Wanderer und Gefangenen an ihn wandten, lässt sich vielleicht aus Georgs Mut und Kraft ableiten. Aufgrund seiner Beliebtheit ist er als Nothelfer ein Allrounder als Patron der Spitäler und Siechenhäuser, der Pferde und des Viehs, der auch angerufen wurde bei Kriegsgefahr, Schlangenbissen, Fieber, Pest, Lepra und Syphilis. Da in den Bauernregeln der Georgstag ein wichtiger Lostag ist, betete man zu ihm außerdem für gutes Wetter.

Georg ist der Gegenpol zu jeder Form blutleerer Frömmigkeit. Ein mutiger, tatkräftiger Mann zieht seines Weges und stellt sich den Herausforderungen und er tut es nicht für sich, nicht für Ruhm und Ehre, sondern für andere Menschen. Im Drachen begegnet ihm eine Verkörperung des Bösen und er weiß, dass man das Böse nicht anflehen kann, ohne ihm auf den Leim zu gehen. Da ist Tatkraft gefordert und es muss gehandelt werden; anders kann das Böse nicht besiegt werden. Das Schwert steht nicht nur für Gewalt, es steht auch für den klaren Schnitt, den es im Leben manchmal braucht, gerade angesichts des Bösen.

ATTRIBUTE

Die häufigste Darstellung Georgs ist die als Ritter auf dem Pferd, der mit seiner Lanze den Drachen durchbohrt. Manchmal kommt auch noch die Palme des Märtyrers hinzu.

GEBET

Ein alter Nothelferruf lautet:

„Heil'ger Georg, du starker Ritter,
sei der Schutz- und Gnadenbitter
für die ganze Christenheit;
hilf dem Christenheere siegen,
lass im Kampf es nicht erliegen,
wenn es für den Glauben streit'."

WETTERREGEL

„Sind die Reben an Georgi noch blind, so freut sich Mann und Kind."

„Zu Georg soll sich's Korn so recken, dass sich eine Krähe kann verstecken."

„Regnet's am Georgitag, währt noch lang des Segens Plag."

DARSTELLUNG IN VORARLBERG

Das *vorarlberg museum* bewahrt ein spätgotisches Kleinod auf, das sowohl in seiner kunsthistorischen Bedeutung als auch durch die Geschichte seiner Provenienz eine herausragende Stellung einnimmt: den Kristberger Flügelaltar von 1478. Und mittendrin der heilige Georg und sein bewegendes Schicksal im Lauf der Jahrhunderte!

Der Flügelaltar mit seinen bescheidenen Maßen (nur gut 80 Zentimeter im geschlossenen Zustand!) zeigt in seinem Mittelschrein von links nach rechts die heiligen Matthäus, Georg und Wolfgang, die Flügelinnenseiten zeigen Malereien der heiligen Urban (links) und Thomas Beckett (rechts) und die Außenseite wird durch ein durchgehendes Bild des Propheten und Bergbaupatrons Daniel in einer Ideallandschaft bestimmt. Das Werk entstand kunsthistorischen Forschungen zufolge in mehreren süddeutschen Werkstätten, der Altar mit seinen Figuren wohl bei Ivo Strigel in Memmingen und die Malereien sind einer Kemptner Werkstatt zuzuschreiben. Die rückseitige Aufschrift „Silberberg" (in Rötel) gibt schon einen Hinweis auf den ursprünglichen Bestimmungsort: Gemeint ist das heutige Silbertal im Montafon, das bis ins 17. Jahrhundert mehr unter der Bezeichnung „Silberberg" beziehungsweise „St. Nikolaus im Silberberg" bekannt war. Der Altar war einst für die Pfarrkirche des kleinen Örtchens mit großer Bergbauvergangenheit geschaffen worden. Die Bestätigung liefert die Weiheurkunde von 1477, wonach für den rechten Seitenaltar des kleinen spätgotischen Kirchleins exakt jene Heiligen als Weiheinhalt herangezogen wurden, die wir auch am Altar sehen können.

Wann genau der Altar die Kirche verlassen musste, wissen wir nicht, aber im Zuge der Barockisierungen dürfte dieser Altar irgendwann im 17. Jahrhundert nicht mehr gebraucht worden sein. Er wurde kurzerhand nach St. Agatha am Kristberg, einer zu Silbertal gehörenden Parzelle nahe am Sattel zum Klostertal gelegen, gebracht. St. Agatha hatte über Jahrhunderte als Bergknappenkirche ihre guten Dienste verrichtet, war aber nach dem Erliegen dieses Erwerbszweigs im Laufe des 16. Jahrhunderts immer bedeutungsloser geworden. Irgendwann im 19. Jahrhundert wollte offensichtlich niemand mehr den Altar haben. 1887 wurde er als kunsthistorische Besonderheit auf der Landesausstellung in Bregenz gezeigt, ehe er wieder in einem Lager der Schrunser Kunstmaler Bertle deponiert wurde.

Die Odyssee des Kristberger Flügelaltares sollte 1902 dann so richtig beginnen. Pfarrer Nachbaur aus Silbertal verkaufte den Altar an eine vermögende Beamtengattin nach Innsbruck. Hintergrund war der Umstand, den Altar nicht mehr verwenden zu können und vor allem damit einen Teil der Schulden, die sich mit dem Bau der neuen Silbertaler Pfarrkirche ergeben hatten, zu decken. Jetzt schalteten sich Denkmalschutzverantwortliche und in der

Kristberger Flügelaltar mit nicht originalem heiligem Georg, vorarlberg museum, Werkstätte Ivo Strigel zugeschrieben, 1478

Folge auch die Diözese ein, um den Altar wieder zurückzuführen. Sie hatten die Rechnung aber ohne die neue Besitzerin gemacht, die aus Ärger über die Vorhalte, die ihr gegenüber offensichtlich gemacht wurden, den Altar kurzerhand weiterverkaufte. Ab 1911 befand sich der Altar im Ausland, seine Spuren verlaufen sich nach einem Hinweis über seinen ersten Aufenthaltsort in Hannover für ein halbes Jahrhundert.

1963 tauchte er wieder auf: Auf einer Münchner Auktion wurde der Altar angeboten, die Mittelfigur des heiligen Georg fehlte allerdings. Der Besitzer wollte ihn entweder behalten oder hatte ihn schon einzeln weiterverkauft. Der Altar verschwand wieder in Privatbesitz, bei der nächsten Auktion Ende der 70er-Jahre, bei welcher der Altar wieder eingebracht wurde, zeigte sich nun in der Mitte des Schreins eine neue, etwas zu große, aber immerhin auch spätgotische Skulptur des heiligen Georg. Erst 2015 gelang es dann, bei einer weiteren Auktion in München und somit beim dritten Versuch, den Kristberger Flügelaltar nach 113 Jahren wieder nach Vorarlberg zurückzukaufen.

Der heilige Georg wird uns in beiden Fassungen als Heiliger in Ritterrüstung gezeigt. Neben dieser schon für ihn typischen Darstellung ist es die Lanze und der zu Füßen liegende kleine Drachen, die den Heiligen als Georg identifizieren lassen. Statistische Auswertungen der künstlerischen Einflussbereiche Vorarlbergs in der spätmittelalterlichen Zeit weisen fast zu 100 Prozent eine süddeutsche Dominanz aus. So auch in diesem Fall. Die Silbertaler sind bei ihrem Einkauf in Memmingen fündig geworden. Die Werkstätte der Strigel hatte schon über einen längeren Zeitraum existiert und die beim originalen Georg gemachten Stilvergleiche weisen einen Zusammenhang mit der Arbeit Ivo Strigels auf, der sich vor allem in seinen Arbeiten für Füssen manifestiert. Die kleine Figur des heiligen Georg zeigt ein realistisch gestaltetes Gesicht, das dem bürgerlichen Stil des ausgehenden 15. Jahrhunderts entspricht, und besonders auffallend sind die vielen korkenzieherartigen Locken, die in der Nachfolge des künstlerisch alles beherrschenden Hans Multscher in Ulm stehen. Bei Redaktionsschluss für dieses Buch gelang es einem der Verfasser, im Auftrag des *vorarlberg museums* nun auch die originale Skulptur des heiligen Georg zurückzukaufen, womit der Altar somit erstmals seit seiner fotografischen Aufnahme bei der Landesausstellung 1887 wieder als einheitlich originales Werk gezeigt werden kann.

KATHARINA VON ALEXANDRIEN

GEDENKTAG
25. November

NAME
Der Name stammt aus dem Griechischen (Aikaterina), seine Herkunft ist nicht ganz sicher. Seit römischer Zeit wird er gedeutet als „die Reine". Es ist ein heute weltweit sehr verbreiteter Frauenname, der einige Varianten kennt wie Kathi, Katrin, Karin, Tina, Katja, Kate, Karen, Kathleen u.a.

VISITENKARTE
Die Starke, Schöne und Kluge

LEBEN UND WIRKEN

Katharina von Alexandrien ist eine der in jeder Hinsicht legendärsten weiblichen Heiligengestalten. Hinter ihrer Figur ist keine historische Persönlichkeit fassbar, da sie erst ab dem 8. Jahrhundert verehrt wurde. Der Legende nach wurde ihr Leichnam an den Berg Sinai gebracht, wo heute noch das Katharinenkloster steht. Von einem ansonsten eher leichtgläubigen Pilger, der das Kloster kurz vor 820 besuchte, ist ein Bericht erhalten: Von Katharina wusste er noch nichts. Der Ausgangspunkt des Kults um Katharina ist nicht ihr Grab, sondern ihre Legende. Den Kern bildet eine griechische Passio (Geschichte ihrer Leiden), die im 7. Jahrhundert verfasst, im 8. Jahrhundert ins Lateinische und dann sehr bald in verschiedene Volkssprachen übersetzt wurde. Möglicherweise spielte in diese Passio unter Täter-Opfer-Umkehr die Geschichte von Hypatia von Alexandria hinein, eine nichtchristliche Philosophin, die um 415 auf grausame Weise von Christen öffentlich umgebracht wurde. Weitere Ausschmückungen der Geschichte von Katharina im 12. bis 15. Jahrhundert ließen die Legendenbildung weiter anwachsen.

In der Legende gilt sie als Königstochter aus Zypern, die – wieder ein Grundtopos der weiblichen Märtyrerlegenden – sehr schön und gebildet war. Von einem Einsiedler bekehrt, ließ sie sich taufen und erlebte in einem Traum ihre Verlobung mit dem Jesuskind. Anfang des 4. Jahrhunderts soll sie unter Kaiser Maxentius den Märtyrertod erlitten haben.

LEGENDEN UND VEREHRUNG

Ausgangspunkt der Legendenbildung ist die schaurige Erzählung ihres Leidens, der vielen Martern, die sie erlitten hatte und wegen derer man auch Katharina zu den „Märtyrern vom unzerstörbaren Leben" zählte. Auffallend ist, dass die Legenda aurea hier eher wieder etwas zurückhaltender wird in der Drastik der Schilderungen. In dieser berühmtesten Legendensammlung des Spätmittelalters ergibt sich folgender Erzählstrang:

Katharina, die reiche und schöne Königstochter, hörte vor ihrem Palast einen großen Lärm und erfuhr, dass Christen hingerichtet werden sollten, die sich weigerten, den römischen Göttern zu opfern. Das Mitleid mit diesen Menschen machte sie mutig. Sie trat vor den Kaiser und warf ihm vor, dass er selber falschen Abgöttern anhing, statt den Schöpfer des Himmels zu verehren. Dabei muss sie ihm einen intellektuellen Vortrag nach allen akademischen Spielregeln gehalten haben, in dem sie ihm klarmachte, wer der einzig richtige Gott sei. Der Kaiser war vorerst sprachlos. Er ließ sie in seinen Palast führen, offensichtlich gleichermaßen angetan von ihrer Weisheit und ihrer Schönheit. Dort folgte gleich eine geschliffene Moralpredigt, in der sie ihm klarmachte, dass ihm seine Götter in der Not nicht beistehen würden, da sie nur Statuen seien. Zum zweiten Mal machte ihn die schöne kluge Frau nahezu sprachlos. Da ließ er die fünfzig weisesten Gelehrten aus dem ganzen Reich nach Alexandrien kommen. Als sie dort erfuhren, dass sie nur wegen einer vorlauten jungen Frau gerufen wurden, waren sie gekränkt. Sie folgten aber dem Befehl des Kaisers und ließen sich auf den ungleichen Disput ein. Dieser endete erwartungsgemäß damit, dass Katharina alle fünfzig überzeugte und sie sich taufen ließen. Da wurde der Kaiser zornig und ließ alle seine Gelehrten auf dem Stadtplatz verbrennen.

Nun machte ihr der Kaiser ein unmoralisches Angebot: Sie werde die zweite Frau in seinem Reich und er werde eine Statue von ihr mitten in der Stadt aufstellen, damit man sie als Göttin anbete. Doch solche Angebote ließen die Braut Christi kalt. Das erzürnte wieder den Kaiser, der sie nackt ausziehen und mit eisernen Geißeln auspeitschen ließ. Danach warf er sie in einen finstern Kerker und befahl, dass sie über zwölf Tage nichts zu essen bekomme. Er selber musste in dringenden Geschäften einige Tage verreisen und glaubte, sie hernach als gebrochenes Wesen wiederzusehen. Doch auch hier irrte der Kaiser. Angetan vom Mut der jungen Frau besuchten sie des Nachts die Kaiserin und Porphyrio, ein hoher General des Kaisers. Und was sahen sie im Kerker? In hellem Glanz pflegten Engel selber Wunden der Katharina. Nach einer Predigt über die himmlischen Freuden bekehrte sie die Kaiserin, ihren General und angeblich sogar noch weitere 200 Soldaten. Ernährt wurde sie von einer weißen Taube, die sie regelmäßig mit himmlischer Speise stärkte, und zu guter Letzt erschien ihr auch Christus persönlich, der ihr göttlichen Trost zusprach.

Als der Kaiser zurückkam, war sie statt ausgemergelt nur noch schöner geworden. Da erhöhte er sein Angebot und versprach ihr, Königin in seinem

Reich zu werden. Als sie auch das ablehnte, stellte er sie vor die Wahl, entweder zu leben und seinen Göttern zu opfern oder durch eine qualvolle Marter zu sterben. Sie antwortete ihm, dass sie sich nur danach sehne, ihr Blut dem Herrn darzubringen. Da ließ der Kaiser vier Räder machen und mit eisernen Sägen und spitzen Nägeln beschlagen. Je zwei der Räder sollten sich in verschiedene Richtungen bewegen, sodass der Leib der jungen Frau qualvoll zerrissen würde. Doch kaum war es so weit, erschien ein Engel und zerschlug das Räderwerk mit solcher Wucht, dass viertausend Ungläubige davon erschlagen wurden. Da bekannte auch die Kaiserin öffentlich, dass sie nicht mehr den falschen Göttern opfern würde. Darauf ließ der Kaiser seine Gattin aus der Stadt führen und ihr mit eisernen Spießen die Brüste ausreißen und danach das Haupt abschlagen; die Szene mit den Brüsten wird in älteren Legenden von Katharina selber erzählt.

Als der Kaiser am nächsten Morgen erfuhr, dass sein geliebter General Porphyrio seine Gattin bestattet hatte, ließ er auch ihn und seine zweihundert Soldaten enthaupten und die Leiber den Hunden vorwerfen. Das letzte Angebot an Katharina war nun ein handfestes Entweder-oder: Sie solle ab sofort seine Kaiserin sein, wenn sie den Göttern opfere, und wenn nicht, dann werde er sie unverzüglich enthaupten lassen. Ihre Antwort kann man sich denken. Eine Stimme vom Himmel sprach zu ihr: „Komm nun, meine Geliebte und meine Braut." Darauf schlug man ihr das Haupt ab. Aus ihrem Leib soll aber kein Blut, sondern Milch geflossen sein. Die Engel aber entführten ihren Leib zum Berg Sinai, wo sie bestattet wurde.

Die letzte Passage verweist auf eine frühere Legende, deren Bekanntheit Jacobus de Voragine, der Autor der Legenda aurea, offensichtlich voraussetzte. Die schöne, hochgebildete und reiche Königstochter wollte keinen Mann heiraten, da sie befand, dass keiner ihr ebenbürtig sei. Da wies sie ein Einsiedler auf Christus als den einzig würdigen Bräutigam hin. Darauf ließ sie sich taufen und erlebte in einer Vision, wie ihr das Jesuskind einen Verlobungsring an den Finger steckte. Das alte Motiv der Jungfrau als Braut Gottes taucht in mehreren Heiligenlegenden auf und bildete in der Brautmystik ein tragendes Motiv vieler Frauenorden.

Katharina gilt als die über lange Zeit nach Maria meistverehrte Heilige und kaum eine unter den Nothelfern wurde in so vielen Angelegenheiten angerufen. Dabei ist heute schon fast vergessen, dass sie in der Zeit der Kreuzzüge eine der bedeutendsten Patrone der Ritter und von diesen hochverehrt war. Vielleicht wurzelt hier schon ihre spätere Beliebtheit als große Volksheilige. Im Zuge des II. Vatikanischen Konzils wurde auch sie 1969 im Rahmen der Kalenderreform aus dem Heiligenkalender gestrichen, 2002 allerdings wieder aufgenommen. Die Volksreligiosität und die Lebensform der Heiligenverehrung waren auch hier nachhaltiger als die Rationalität der modernen Liturgiker.

Der Sarkophag befindet sich heute noch im sogenannten Katharinenkloster am Berg Sinai an der Stelle, an dem nach der Überlieferung Gott dem Moses im brennenden Dornbusch erschien. Das ursprünglich Maria, der Mutter Jesu, geweihte Kloster wurde im Westen ab dem 14. und im Osten ab dem 19. Jahrhundert nach Katharina benannt. Der Bau des Klosters geht auf Kaiser Justinian im 6. Jahrhundert zurück. Erst die Legenden führten Jahrhunderte später zum vermeintlichen Reliquienfund und aus dem Sarkophag soll heute noch ein für heilkräftig gehaltenes Öl fließen.

Äußerst reichhaltig ist das Brauchtum, das sich um diese beliebte Volksheilige rankt. Am sogenannten Kathrein-Tag mussten alle Räder stillstehen im Andenken an ihr Martyrium und damit war es auch ein arbeitsfreier Feiertag. Ende November war gleichzeitig der Beginn der dunklen Winterzeit. Das Vieh wurde spätestens an diesem Tag endgültig von der Weide geholt und die Bienenstöcke wurden unter Dach gebracht. Mit dem Tag der Katharina begann die Vorbereitung auf Weihnachten und in dieser Fastenzeit durfte nicht getanzt werden: „Kathrein stellt den Tanz ein." In vielen Gegenden begannen um diese Zeit die sogenannten Spinnstuben, bei denen die Frauen an den langen Abenden zusammenkamen, um gemeinsam zu spinnen, zu weben, zu nähen und zu stricken. Das geschah offensichtlich nicht unter Ausschluss der Männer, denn manche Liebschaft nahm in diesen Spinnstuben ihren Anfang.

ALS NOTHELFERIN

Ihre Patronate sind vielzählig wie bei kaum einem anderen Nothelfer. Einmal galt sie als Patronin der verschiedenen weiblichen Stände wie der Mädchen, Jungfrauen, Mägde, Nonnen, Heiratswilligen und Ehefrauen. In diesem Zusammenhang wurde sie auch angerufen von Schwangeren, stillenden Müttern und Ammen. Im Mittelalter spielte sie als Schlachtenhelferin für die Ritter eine große Rolle. Als hochgebildete Frau, die es mit den Klügsten ihrer Zeit aufnahm, wurde sie zur Patronin der Philosophen, Theologen, Gelehrten, Lehrer, Studenten, Redner, Advokaten und Bibliothekare und gleichzeitig Patronin vieler Hochschulen, Bibliotheken und Krankenhäuser. Viele Handwerke schlossen sich an, wobei die Wagner und die Scherenschleifer noch mit dem Rad zu tun haben, aber auch die Müller, Töpfer, Gerber, Spinner, Tuchhändler, Seiler, Schiffer, Buchdrucker, Schuhmacher und Frisöre verehrten sie als ihre Patronin. In persönlichen Leiden wurde sie angerufen bei Migräne, Kopfschmerzen, Krankheiten der Zunge. Stotternde und Stumme fühlten sich bei der begabten Rednerin aufgehoben und nicht zuletzt betete man zu ihr für die Auffindung von Ertrunkenen.

Katharina ist in jeder Beziehung eine starke Frau, die es mit allen und mit allem aufnimmt. Sie ist aber nicht eine Art ‚weiblicher Georg', sondern vereint in sich als Frau Stärke, Mut, Schönheit und Klugheit. Sie weiß genau, was sie will, geht konsequent den Weg und ist tief in ihrem Glauben verankert. Mit ihr ist vielleicht nicht leicht Hühnchen zu rupfen, aber sie ist eine verlässlich starke Nothelferin, eine Frau, auf die man bauen kann.

ATTRIBUTE

Ihre typischen Attribute sind das zerbrochene Rad, das Schwert und der Palmzweig als Symbole des Martyriums, das Buch als Zeichen ihrer Klugheit, die Krone als Zeichen für den Sieg über das Fleischliche und der Ring als Symbol für die mystische Vermählung mit Christus. Darüber hinaus gibt es Darstellungen verschiedener Erzählungen aus ihrer Legende.

GEBET

In einem barocken Nothelferlied heißt es:

„Katharina, schütz die Ehre
unsrer wahren Glaubenslehre,
welche Jesus uns gebracht.
Bitt Gott, dass er die alte
Kirche auf festem Grund erhalte,
schütze sie mit deiner Macht!"

WETTERREGEL

„Wie das Wetter an Sankt Kathrein, wird es den ganzen Winter sein."

„Ist an Kathrein das Wetter matt, kommt im Frühjahr spät das grüne Blatt."

DARSTELLUNG IN VORARLBERG

An der Straße zum Schwarzen See liegt im Westen von Satteins die Sebastianskapelle, deren Name schon ein untrügliches Zeichen dafür ist, dass diese Kapelle als Pestkapelle errichtet wurde. Als solche diente sie bereits im Mittelalter und erst recht wieder in den 1630er-Jahren, als die Pest viele Orte in Vorarlberg heimsuchte. Pestkapellen und Pestaltäre sind in jener Zeit zahlreich entstanden, die meist dem heiligen Sebastian und immer wieder auch dem heiligen Rochus geweiht wurden, zwei der bekanntesten Pestpatrone der alpinen Region.

In dieser kunsthistorisch insgesamt sehr interessanten Kapelle geht ein Bild fast unter, das einmal mehr unser Thema spielt. Es zeigt den um 1740 geschaffenen Christus am Ölberg inmitten der Vierzehn Nothelfer; zugeschrieben wird das Bild Franz Anton Simon aus Feldkirch, der uns auch bei der Beschreibung des heiligen Veit mit seiner Dalaaser Darstellung der Not-

Katharina von Alexandrien

Christus am Ölberg und die Vierzehn Nothelfer, Gemälde aus der Sebastianskapelle in Satteins, Franz Anton Simon, um 1740

helfer begegnet. Simon wählt für seinen Ölbergchristus dem Inhalt des Bildes und der Tradition der Kunst des frühen 16. Jahrhunderts entsprechend eine Nachtszene, die durch die im Dunkel des Hintergrundes und von einem Lichtstreif eines Sonnenunterganges dezent beleuchtete Landschaft ergänzt wird. Christus kniet in betender Haltung vor dem im Lichtschein erscheinenden Kelch. Die Nothelfer bilden einen zweiten Rahmen im Bild. Alle 14 Heiligen haben auf einer Wolkenbank Platz genommen. Da der heilige Christophorus die Mitte des nach oben halbrund abschließenden Bildes einnimmt und somit seitlich nun 13 Heilige verteilt werden müssen, verdichtet der Maler auf der linken Seite die abgebildeten Heiligen derart, dass ihm die Wiedergabe eines Heiligen mehr als auf der gegenüberliegenden Seite möglich ist.

Die Zweite von unten rechts ist die heilige Katharina. Als vornehm gekleidete junge Dame mit Schwert und dem Teil eines gespickten Rades ist sie leicht zu erkennen. Wie oben in der Darstellung des Martyriums beschrieben, waren die Räder, welche die heilige Katharina foltern und töten sollten, unter anderem mit Messern bespickt. Hier ist eine der seltenen Darstellungen im Land zu sehen, die auf dieses Detail der Legende Bezug nimmt.

Die Enthauptung der heiligen Katharina im Kunsthistorischen Museum in Wien, gemalt von Albrecht Altdorfer, dem Hauptvertreter der Donauschule im frühen 16. Jahrhundert, bringt uns gleich mehrere Elemente der Darstellung der Heiligen näher. Das Hauptmotiv ist die Enthauptung, daneben liegen die überzeugten Philosophen des Kaisers, und über der Szene, beinahe im Dickicht des Waldes aufgelöst, wird das inzwischen brennende Rad mit Messern bespickt gezeigt. Altdorfer schafft ein Bild, das zeitgleich mehrere Ereignisse aus der Katharinen-Legende verarbeitet.

Die heilige Katharina von Alexandrien gehört in Vorarlberg zu den am häufigsten wiedergegebenen Heiligen. Auch wenn es mit der Kirche in Marul (Großes Walsertal) nur ein der Heiligen geweihtes Gotteshaus gibt, so sind ihre Darstellungen quer durch die Kunstgeschichte in allen Epochen mehrfach zu finden. Das Verlöbnis der heiligen Katharina, dargestellt in der Kirche von Marul, zeigt, wie das Jesuskind ihr den Ring zusteckt, und nimmt damit auf einem im Land nur einmal wiedergegebenen Aspekt der Legende Bezug.

der Stadtpräfekt an dem Ort vorbeikam, erblickte er die schöne junge Frau und entbrannte in Liebe (oder Begehren) zu ihr. Er ließ sie in seinen Palast bringen, doch als sich die junge Christin weigerte, den römischen Göttern zu opfern, ließ er sie grausam martern. Er befahl, sie auf die Folter zu spannen, mit Ruten zu schlagen, um dann mit metallenen Kämmen ihr das Fleisch vom Leib zu reißen. Der Präfekt soll sich selbst die Augen verdeckt haben, weil er so viel Blut nicht sehen konnte. Margareta aber rief ihm zu: „Du hast nur Gewalt über meinen Leib, doch meine Seele gehört Christus!"

Danach ließ er sie in den Kerker werfen, wo sie den Herrn bat, ihm ihren Feind zu zeigen. Da erschien sogleich der Teufel als Drache, der sie verschlingen wollte. Doch das Kreuzzeichen, das Margareta über ihm machte, besiegte den Drachen, der daraufhin verschwand. Als sie am nächsten Tag weitere Martern wundersam überstand und sich immer mehr aus dem zuschauenden Volk taufen ließen, befahl der Präfekt, sie sofort zu enthaupten.

Die Teufelsszene selber existiert in unterschiedlichen Erzählungen und dürfte die Phantasie der Menschen sehr angeregt haben. Die Variante, dass der Drache sie bereits gänzlich verschlungen hätte und dann aufgrund des Kreuzzeichens zerborsten sei, bezeichnet sogar die Legenda aurea als unecht und abgeschmackt. Interessanter sind die Varianten in Anlehnung an die apokalyptische Frau (Offb 12,1–5), die im Motiv der Mondsichelmadonna beliebt wurde. Maria, die Mutter Gottes, hat in diesen Darstellungen den besiegten Drachen unter ihren Füßen. Ähnliches wird auch von Margareta erzählt, die dem Drachen, noch bevor er verschwinden konnte, den Fuß auf seinen Nacken setzte, ein symbolischer Akt, der zeigt, wie sie das Böse besiegt hatte. In der Legenda aurea erscheint der Teufel nach seinem Verschwinden nochmal als Mensch. Doch Margareta wirft ihn zu Boden, stellt ihren rechten Fuß auf seinen Nacken und verhöhnt ihn, weil er nun niedergestreckt unter den Füßen einer Frau liege, was den Teufel besonders gedemütigt haben soll. Spätestens hier spielt in die Margareta-Legende auch das Motiv der sexuellen Souveränität hinein. Es sind diese äußerst schönen, begehrenswerten Frauen, nach der die mächtigsten Männer bis hin zum Teufel persönlich entbrennen, und die ihrem Begehren doch nicht nachgeben. Im Bewusstsein der Braut Christi, das Motiv selber ist bei Margareta gar nicht so ausgeprägt, widerstehen sie allen diesen männlichen Versuchungen völlig souverän und selbstbestimmt, was ihre jeweiligen Gegenüber nur noch mehr zur Weißglut und dann zur Rache bringt.

Neben Reliquien in verschiedenen griechischen Klöstern, auch auf dem Berg Athos, werden seit 1185 in Montefiascone in der Toskana Margareta-Reliquien verehrt. Der Reliquienkult im Westen ist nicht sehr ausgeprägt, umso mehr hat ihre Legende die Kunst zu vielfältigen Darstellungen angeregt. In manchen Gegenden wurde sie auch als Bauernheilige verehrt, da der Margaretentag den Beginn der Ernte signalisierte, den Tag, an dem auch Pacht- und Getreidezinsen ausbezahlt wurden.

ALS NOTHELFERIN

Wie die beiden anderen Nothelferinnen ist auch sie zuständig für Frauenangelegenheiten vor allem beim Thema Fruchtbarkeit und bei schweren Geburten. Dementsprechend gilt sie als Patronin der jungen Frauen, der Gebärenden und der Ammen. Da sie einst selbst die Schafe hütete, wurde sie auch von den Bauern und Hirten verehrt. Darüber hinaus wurde sie angerufen als Wundheilige, die ebenso bei Gesichtskrankheiten helfen soll.

Margareta ist das Bild der starken, selbstbestimmten Frau. Sie flieht nicht vor dem Feind oder vor Versuchungen. Sie nimmt den Kampf auf gegen den Drachen, gegen das Böse, das Verschlingende, besiegt es und wahrt sich damit ihre Souveränität auch als Frau. Sie geht ihrem Feind nicht aus dem Weg, sondern will ihr Gegenüber sehen. Angst hat sie vor nichts, vielmehr führt sie die Herausforderung selbst zu ihrer Stärke.

ATTRIBUTE

Ihr beliebtes Attribut ist der Drache, den sie gerade besiegt, an der Kette hat oder auf den sie mit dem Fuß tritt. Weitere Attribute sind ein kleines Kreuz, die Märtyrerkrone, ein Perlendiadem (Adel) und auch ihre Marterwerkzeuge Fackel oder Kamm.

GEBET

In einem Wallfahrerlied von 1726 heißt es:

„O Margareta, Patronin mein,
lass dein Kind dir befohlen seyn.
Du hast gebunden hart den Feind,
bitt, dass wir sicher vor ihm seynd!"

WETTERREGEL

„Die erste Birn' bringt Margaret, dann überall die Ernt' angeht."

„An Margarethen Regen, bringt Heu und Nüssen keinen Segen."

„Regen am Margaretentag, sagt dem Hunger guten Tag."

DARSTELLUNG IN VORARLBERG

Die Basilika Vierzehnheiligen zeigt in ihrem Zentrum einen skulpturalen Gnadenaltar im Rokoko-Stil, an dem zwölf der Vierzehn Nothelfer als wunderbare weiße Stuckmarmorfiguren zu sehen sind. Sie stammen aus den prominenten Wessobrunner Werkstätten der Feuchtmayr und Üblhör. Dem Weiß der Figuren sind die Attribute in Gold gegenübergestellt. Margareta zeigt Krönchen und Palmzweig als allgemeine Kennzeichen und das Kreuz und den Drachen als individuelle Erkennungsmerkmale. Die Skulptur ist durch ihre raumgreifende Anlage ein dynamisches Beispiel der Kunst der 1740er-Jahre.

Werfen wir wieder einen Blick nach Vorarlberg in die Michaelskirche in Tisis: S. MARGARITA steht groß unter der Heiligen geschrieben. Die heilige Margareta nimmt die Bildmitte ein und ist auch sonst deutlich aus dem Kanon der Nothelfer hervorgehoben, indem sie als Einzige auf der Erde stehend festgehalten ist und optisch annähernd doppelt so groß wie ihre Kolleginnen und Kollegen dem Betrachter entgegentritt. Der Palmzweig in ihrem linken Arm weist auf ihren Stand als Märtyrerin hin, ein Attribut, das noch nicht die Margareta als solche kennzeichnet. Das Kreuz in ihrer Rechten ist ein individuelles Zeichen, ebenso wie die Krone und der auffallende Haarschmuck, der uns zumindest schon einmal in Richtung der oben beschriebenen „Virgines capitales" führt. Dies zeigt auch der Vergleich zu den auf der Wolkenbank zur Linken und Rechten der heiligen Maria mit Kind sitzenden Katharina und Barbara, die ebenfalls Palmzweig und Krone zeigen. Der Drachen zu ihrer Rechten macht sie dann unverwechselbar und vollendet die Darstellung der heiligen Margareta.

Das Bild hat den Charakter eines Votivbildes. Zwar fehlen letztlich alle kennzeichnenden Elemente eines Votivbildes, nämlich das Gnadenbild, der Votationsanlass (inklusive einer erklärenden Inschrift) als auch die Stifter beziehungsweise Votanten, aber auf den ersten Blick vermitteln sowohl die heilige Margareta als auch das Marienbild am oberen Ende etwas von einem Gnadenbild. Die nicht näher zu identifizierende Darstellung in der Landschaft (in der Literatur wird von einer Schlacht in Tisis und der Darstellung der Antoniuskapelle gesprochen) könnte zumindest einen Hinweis auf den Anlass des Bildes geben.

Der Einsatz der Nothelfer und die Hervorhebung der Margareta ist hier durchaus so zu interpretieren, dass es nicht nur um die Bekämpfung alltäglicher Sorgen ging, sondern dass hier eine politische Aussage – dann wohl nur als Folge der Koalitionskriege gegen die Franzosen und / oder die Befreiungskämpfe gegen die bayerische Herrschaft zu deuten – getroffen werden sollte. Als weibliches Gegenstück zu Georg hätte sie vielleicht auch durch seine Darstellung hier ersetzt werden können, aber in diesem Fall wäre die Szenerie durch seine Gestalt als Ritter zum einen kriegerischer und zum anderen weniger im Zeichen des Kreuzes gestanden, das ja als Attribut der Margareta hier sehr deutlich und dem Drachen entgegensetzend inszeniert werden konnte.

Als Maler wird Matthias Jehly genannt, der Teil der über Generationen wirkenden Künstlerfamilie aus Bludenz ist. Die Vorfahren der Familie waren aus Grins im Stanzertal nach Vorarlberg gezogen. Das Kunsthandwerk bestimmte Generationen dieser Familie, auch wenn letztlich nur Jakob Jehly

Heilige Margareta und die Vierzehn Nothelfer, Gemälde aus der alten Michaelskirche in Feldkirch-Tisis, Matthias Jehly zugeschrieben, um 1800

(1854–1897) überregional Bekanntheit erlangen sollte. Für sämtliche in der Region tätigen Maler der Zeit des späten 18. und vor allem für die erste Hälfte des 19. Jahrhunderts gilt der Umstand, dass ihr Lehrmeister die bestehende Kunst der umliegenden Kirchen und Kapellen darstellte. Es handelte sich also um Autodidakten, die lange die spätbarocke Kunst als ihren Maßstab vertraten und die vor allem im Bereich einfacher Tafel- und Votivbildmalerei ihre Aufträge fanden. Das Bild der Nothelfer aus Tisis zeigt auch deutlich, dass der Künstler mit der Landschaft künstlerisch nichts anfangen konnte beziehungsweise dass er auf dem Gebiet der Landschaftsmalerei keine spürbaren Fähigkeiten besaß.

Die möglichen Inhalte des Bildes und das Unvermögen des Künstlers im Hinblick auf die Landschaftsmalerei lassen durchaus den Schluss zu, das Bild im Zusammenhang mit den Koalitionskriegen 1799 in Feldkirch zu sehen; auch wenn der Margarethenkapf und die dort befindliche kleine Kirche anders aussehen, die in den Vordergrund gerückte Heilige steht jedenfalls mit ihrem Namen und ihrer Patronanz für den Ort und das Ereignis.

PANTALEON

GEDENKTAG
27. Juli

NAME
Der Namen „Pantaleon" stammt aus dem Griechischen (panta und leon) und bedeutet so viel wie „Ganzer Löwe". Später wurde er entsprechend der Legende zu „Pantaleimon" umbenannt, was „Allerbarmer" bedeutet.

VISITENKARTE
Arzt, Heiler, Nothelfer

LEBEN UND WIRKEN

Die im 5./6. Jahrhundert auf Griechisch verfasste Passio über Pantaleons Martern ist literarisch zu phantastisch, um historisch von Wert zu sein. Allerdings ist schon im 4. Jahrhundert die Verehrung eines Pantaleon in der Ostkirche belegt, was auf eine historische Person schließen lässt. Wieweit die Leidensgeschichte etwas von einem historischen Kern bewahrte, vielleicht seine Gabe als Arzt und Heiler, lässt sich nicht mehr beurteilen. Schon 550 ließ Kaiser Justinian in Konstantinopel (heute Istanbul) eine Kirche zu seinen Ehren errichten. In Rom lässt sich seine Verehrung ab Anfang des 8. Jahrhunderts nachweisen.

Der Legende nach ist Pantaleon ein frühchristlicher Märtyrer, der unter Kaiser Maximian wegen seines Glaubens getötet wurde. Bekannt wurde er als Arzt, der auch kraft seines Glaubens viele Menschen heilte. Im Osten zählt er neben Cosmas, Damian und Cyriakus zu den „Heiligen Geldverächtern" (Hagioi anargyroi), den unentgeltlichen Helfern, die von armen Patienten keine Bezahlung verlangten.

LEGENDEN UND VEREHRUNG

Der Legende nach war er der Sohn einer christlichen Mutter und eines heidnischen Vaters. Schon als Kind soll er ein totes, von einer Schlange gebissenes Kind durch ein schlichtes Gebet wieder zum Leben erweckt haben. Er ließ sich von keinem Geringeren als dem kaiserlichen Leibarzt in der Heilkunde ausbilden. In dieser Zeit spielte ein weiser, älterer Priester für ihn eine wichtige Rolle, von dem er sich taufen ließ. Als er einen Blinden durch die Anrufung Christi wieder sehend machte, bekehrte sich auch sein Vater zum christlichen Glauben.

Als Kaiser Diokletian ihn zu seinem eigenen Leibarzt ernannte, weckte das den Neid seiner Kollegen, zumal er für seine Heilkunst bei vielen Patienten auch kein Geld verlangte. Als er einmal der Kaiserin vertraulich erzählte, dass er Christ sei, und sie zu bekehren versuchte, gab es einen Lauscher, der ihn beim Kaiser denunzierte. Diokletian soll darauf abgedankt und sich zurückgezogen haben. Tatsächlich war Diokletian der einzige römische Kaiser, der freiwillig abdankte, allerdings ist die Verbindung mit dieser Legende äußerst unwahrscheinlich. Vermutlich hat sich die Legende später dieser Tatsache zur Ausschmückung bedient.

Diokletians Mitkaiser Maximian versucht ihn zu überreden, dass er den alten Göttern opfere. Da machte ihm Pantaleon einen Vorschlag: Man solle ihm einen Kranken bringen, den seine neidischen Kollegen für unheilbar hielten, dann wolle er ihm seinen Glauben beweisen. Als man ihm einen Lahmen zeigte, brachte er ihn im Namen Christi zum Gehen. Darauf befahl der Kaiser ihn zu martern und wieder einmal folgt eine Passio dem Muster des unzerstörbaren Lebens. Es machte ihm nichts aus, dass man seinen Körper mit Nägeln zerfleischte, ihn mit Feuer ansengte, in flüssiges Blei tauchte und ebenso wenig, dass man ihn an ein Rad gebunden einen Berg hinabrollen ließ. Sogar die wilden Tiere, die ihn zerreißen sollten, wurden zahm. Zuletzt befahl der Kaiser, dass man ihn enthaupte.

Er wurde an einen Olivenbaum gebunden, in späteren Darstellungen nagelte man ihm dabei sogar die Hände auf den Kopf, und als ihm ein Schwertschlag das Haupt spaltete, kam aus der Wunde kein Blut, sondern Milch. Es wird erzählt, dass er davor für seine Henker um Barmherzigkeit gebetet habe, worauf eine Stimme von Himmel ertönt sei: „Von nun an sollst du nicht Pantaleon, sondern Pantaleimon, Allerbarmer, heißen." Der Olivenbaum soll daraufhin sofort reiche Frucht getragen haben.

Nördlich der Alpen wurde ab dem 9. Jahrhundert Köln zum Zentrum seiner Verehrung. Vermutlich über Lyon kamen Reliquien nach Köln, wo ihm 866 die erste Kirche errichtet wurde. An derselben Stelle ließ ab 955 Erzbischof Bruno, gleichzeitig Kanzler des Ostfränkischen Reiches, die neue Kirche St. Pantaleon zusammen mit einem Benediktinerkloster bauen; möglicherweise waren die Reliquien im Normannensturm verloren gegangen. Es muss aus dem Osten oder woher auch immer noch über Jahrhunderte weitere Reliquien gegeben haben, da sich solche ebenso in Genua, Arles, Verdun, Ravenna, Venedig, Andechs, Salem und Zwiefalten befinden. Angebliche Ampullen der Milch, die statt Blut aus seiner Wunde floss, werden in Bari, Neapel, Venedig, Ravello und Madrid verehrt. Sowohl in Madrid wie in Ravello (Süditalien) soll sich der Inhalt der Ampulle jeweils zum Namenstag des Heiligen erneut verflüssigen. Dieser reiche Reliquienkult steht fast schon im Widerspruch dazu, dass er kein im Volk allzu bekannter Heiliger ist. Er ist fast das Gegenstück zu Margareta, bei der es trotz ihrer Bekanntheit kaum einen Reliquienkult im Westen gibt.

ALS NOTHELFER

Abgesehen davon, dass er als einer der fünf Schutzpatrone der Stadt Köln gilt, ist er aus seiner Legende heraus zuständig für die Ärzte, Hebammen und Ammen und der Patron der Kranken. Angerufen wurde er bei Verlassenheit, Schwindsucht und Kopfschmerzen (Nagel am Kopf!) sowie bei Heuschreckenplagen und Viehkrankheiten.

Pantaleon ist der Inbegriff des heilenden Arztes, der eher dem Archetyp des Magiers zuzuordnen ist. Er sorgt sich um das Heil der Menschen und lässt sich von deren Not berühren. Er weiß als Arzt aber auch, dass Heilung kein rein physikalischer Vorgang ist. Für ihn ist der Glaube und das Gebet ein wesentlicher Teil seiner Heilkunst. Heute würde man vielleicht sagen, er verfolgt als Arzt einen ganzheitlichen Zugang.

ATTRIBUTE

Ab dem 15. Jahrhundert wird er durchwegs mit auf den Kopf genagelten Händen dargestellt. Ansonsten sind Nägel, Arzneifläschchen, Salbenbehälter und Heilpflanzen seine Attribute.

GEBET

Ein alter Nothelferruf lautet:

„Großer Arzt, dem manche Kranken
schuldig sind, ihm wohl zu danken,
heiliger Pantaleon!
Wirft uns eine Krankheit nieder,
hilf uns zur Genesung wieder,
bitt darum vor Gottes Thron!"

WETTERREGEL

„Pantaleon warm und trocken, macht den Bauern frohlocken."

„Pantaleons Regen bringt keinen Segen."

DARSTELLUNG IN VORARLBERG

Die Darstellung des heiligen Pantaleon in der bildenden Kunst ist im Hinblick auf namhafte Beispiele verkürzt formuliert und unter Auslassung zahlloser Werke in der Ostkirche entweder mit Köln oder mit den Vierzehn Nothelfern in Verbindung zu bringen. Objekte aus der romanischen Miniaturmalerei und Glasgemälde aus späterer Zeit für St. Pantaleon in Köln werden in der Literatur angeführt.

Ein herausragendes Werk in Verbindung mit der Darstellung des heiligen Pantaleon soll hier kurz angesprochen werden: Die Heilung eines kranken oder besessenen (vielleicht von einer Schlange gebissenen?) Kindes durch Pantaleon gehört zu den vielleicht schönsten Darstellungen dieses Heiligen, gemalt 1587 in St. Pantaleon in Köln.

*Heiliger Wandel mit Vierzehn Nothelfern und weiteren Heiligen,
Bildstock in Nenzing-Bardella, unbekannter Künstler, 1785*

Pantaleon ist der nächste Nothelfer, der in Vorarlberg – aber auch darüber hinaus gibt es wenige Soloauftritte des Heiligen – auf keine Einzeldarstellung verweisen kann. Wieder sind wir bei der Suche nach einer Geschichte zu ihm auf die Vierzehn Nothelfer als Ganzes angewiesen. Ein volkskundlich interessantes Bild als Zeugnis lokaler Volksfrömmigkeit ist in dieser Hinsicht das Tafelbild im Bildstock von Nenzing-Bardella, das mit 1785 datiert ist

Das Bild zeigt im Zentrum die Heilige Familie mit Maria und Josef, die das schreitende Kind zwischen sich führen. Diese Darstellung hat sich als „Heiliger Wandel" in die Kunstgeschichte eingeschrieben. Die Jesuiten hatten diese Art der Wiedergabe der Heiligen Familie nach spanischen Vorbildern vor allem in der Gegenreformation stark verbreitet. Über der Familie ist die Taube des Heiligen Geistes sowie Gottvater in der bekannten barocken Wolkengloriole zu sehen, womit eine besondere Form der Dreifaltigkeit vollendet wird. Am Boden zeigen sich schemenhaft Adam und Eva mit dem paradiesischen Baum.

Das Außergewöhnliche an dieser Darstellung ist die Verdopplung der Vierzehn Nothelfer: Während auf der rechten Seite die uns bekannten vierzehn Heiligen zu sehen sind, alle in Zweiergruppen geordnet, ist symmetrisch zu ihnen auf der linken Seite eine weitere Abordnung von vierzehn Heiligen abgebildet: Zu erkennen sind unter anderem die Apostelfürsten Paulus und Petrus, die Evangelisten, Johannes von Nepomuk und Franz Xaverius, Mauritius und Elisabeth sowie Agatha und Antonius. Die Inschrift spricht von den Nothelfern und „verschiedenen Heiligen" und ergänzt wird Psalm 67: „Gott ist wunderbarlich in seinen Heiligen."

Der heilige Pantaleon ist hier in einer soldatischen Tracht zu sehen (wie übrigens ganz unüblich auch der heilige Cyriakus) und deutlich an seinen am Scheitel des Kopfes festgenagelten Händen zu erkennen. In dieser Form begegnet er uns bei den meisten Nothelfer-Darstellungen, mit Ausnahme von Bartholomäberg, wo er mit über dem Kopf verschränkten Händen an den Baum gebunden gezeigt wird.

VITUS

GEDENKTAG
15. Juni

NAME
Vordergründig wird der Name Vitus vom lateinischen Wort „vita" (Leben) abgeleitet. Damit wäre er „der Lebendige", kann aber auch als eine Art „lieber Kleiner" übersetzt werden. Möglicherweise geht der Name auf eine thrakische oder althochdeutsche Wortwurzel zurück, was heute kaum noch zu klären ist. Die deutsche Namensform ist Veit.

VISITENKARTE
Unerschrocken Glaubender und jugendliches Opfer

LEBEN UND WIRKEN

Eine geschichtliche Existenz für Vitus kann durchaus angenommen werden, auch wenn die Geschichte seiner Martern (Passio) zweifellos legendenhaft ist. Das älteste Zeugnis für seinen Kult geht auf das Ende des 6. Jahrhunderts zurück. Um diese Zeit entstand in der römischen Provinz Lucania auch die Passio, aus der dann die verschiedenen Grundlegenden entstanden.

Vielleicht liegt der Kern darin, dass er als Kind schon Martern erfahren musste, wie auch seine Beliebtheit als Volksheiliger damit zu tun hat, dass hier Gott schon in einem Kind heldenhaft gewirkt hat. Allerdings ist in seinem Fall der historische Kern durch das Flechtwerk der vielen Legenden fast vollständig verdeckt. Wegen seines Glaubens wurde der Junge verfolgt, obwohl er durch sein Gebet vielen geholfen hat.

LEGENDEN UND VEREHRUNG

Den Legenden nach kam er in Sizilien als Sohn eines heidnischen Senators auf die Welt. Von seiner Amme Crescentia und seinem Erzieher Modestus wurde er im christlichen Glauben erzogen. Über das Alter, in dem er das erste Wunder wirkte, gehen die Erzählungen auseinander: sieben oder zwölf Jahre. Vermutlich handelt es sich um eine Verwechslung der römischen Ziffern XII (12) und VII (7) beim Abschreiben der Legenden. Die Geschichte mit den Mädchen legt allerdings eher ein Alter von zwölf nahe; schon, weil die Erzählung sonst nicht wirklich aufgeht.

Weil er sich von seinem Glauben nicht abwenden und die römischen Götter nicht anbeten wollte, wurde er öfter von seinem Vater geschlagen. Als der Präfekt davon erfuhr, ließ er den Jungen kommen, und da er nicht opfern wollte, befahl auch er, ihn mit Stöcken zu schlagen. Doch da verdorrten sowohl dem Präfekten wie seinen Handlangern die Arme. Vitus provozierte ihn: „Sollen doch deine Götter kommen und dich heilen!" Ob er das vermöge? Mit seines Gottes Hilfe schon! Da betete Vitus zu Christus und sie wurden wieder gesund. Der Präfekt schickte ihn nach Hause mit dem Auftrag an den Vater, dass er schauen möge, dass es mit dem Jungen nicht schlimm ende.

Der Vater schloss Vitus mit Musikanten und schönen Mädchen ein, um ihn damit vom falschen Weg abzubringen. Da drang ein wunderbarer Duft aus dem Zimmer und als der Vater, neugierig geworden, quasi durch das Schlüsselloch schaute, sah er in hellem Licht sieben Engel, die um den Jungen standen. Er hielt sie für Götter, erblindete aber gleich darauf. Zur Heilung opferte er einen Stier im Jupiter-Tempel, doch es half nichts. Da bat er seinen Sohn, ihn zu heilen, und nach dessen Gebet wurde der Vater wieder sehend. Da der Vater ihm weiterhin nach dem Leben trachtete, gebot ihm ein Engel, dass er mit Modestus und Crescentia ein Schiff besteigen und nach Lucanien (südlich von Neapel) fahren solle. Dort angekommen, versorgte sie ein Adler mit Nahrung.

Als der Sohn des Kaisers Diokletian von einem bösen Geist besessen war, ließ er nach Vitus suchen und ihn zum Kaiser bringen. Ob er seinen Sohn heilen könne? Er selber nicht, aber mit der Hilfe seines Gottes! Und so geschah es auch, doch als der Kaiser ihn aufforderte, seinen Göttern zu opfern, und Vitus sich standhaft weigerte, ließ er alle drei in den Kerker werfen. Nun folgen in den Legenden die vertrauten Marterversuche, die alle drei überstanden. Die schweren Eisen, die auf sie gelegt wurden, fielen herunter und der Kerker erstrahlte im Licht. Sie überstanden den Kessel mit siedendem Öl ebenso wie die wilden Löwen, die sie bezähmten. Als man sie auf eine große Folterbank spannte, wurde diese von einem Blitz zerstört. Ein Sturm brach los, die Erde bebte und einige Tempel stürzten ein. Nach der Legenda aurea floh der Kaiser entsetzt und musste sich eingestehen: „Ein einziger Knabe hat mich besiegt!". Ein Engel aber befreite Vitus mit seinen Begleitern und brachte sie nach Lucanien zurück, wo sie in Ruhe starben. Adler sollen sie bewacht haben, bis eine fromme Frau sie entdeckte und ehrenvoll bestattete.

Reliquien kamen 756 in das Kloster Saint-Denis bei Paris und 836 in die Reichsabtei Corvey an der Weser, dem ersten Benediktinerkloster Sachsens, das zum Zentrum der Vitus-Verehrung wurde. 1355 kamen Reliquien nach Prag, wo ihm zu Ehren Kaiser Karl IV. den prominenten Veits-Dom bauen hatte lassen. An etwa 150 Orten werden Vitus-Reliquien gezeigt und in Österreich sind elf Orte nach ihm benannt wie St. Veit an der Glan. Eine besondere Bedeutung hat Vitus für Serbien, wo er den altslawischen Kriegsgott

Svantovit verdrängte, dem Hühner und Hähne geopfert wurden – das Attribut des Hahnes ist dann auf Vitus übergegangen. Am Veitstag, dem ehemaligen Feiertag des Svantovit, fand nämlich die berühmte Schlacht am Amselfeld zwischen Serben und Osmanen statt.

In die Medizin ist der Nothelfer eingegangen über den sogenannten Veitstanz (medizinisch: Chorea), eine neuropathologische Erkrankung, die zu nicht kontrollierbaren, quasi spastischen Bewegungen des Körpers führt und auf eine Fehlfunktion im Gehirn zurückgeht. Vielleicht tat es den Menschen schon gut, einem erschreckenden Krankheitsbild wenigstens einen Namen zu geben, in dem auch der Nothelfer bereits mitgenannt ist. So wurde Vitus bei verschiedenen Krankheiten mit ähnlichem Erscheinungsbild (wie Epilepsie, Tollwut) angerufen, auch bei der sogenannten Tanzwut des Spätmittelalters, einer dem Veitstanz vergleichbaren Art von Massenhysterie.

Nicht mehr klären lässt sich, wie dieser beliebte Nothelfer zum Weck-Heiligen wurde, der für pünktliches Erwachen zuständig war: „Heiliger St. Veit, wecke mich zur rechten Zeit; nicht zu früh und nicht zu spät, bis die Glocke XX.XX schlägt." Ein solches Stoßgebet vor dem Einschlafen hat zweifellos schon autosuggestiv seine Wirkung.

ALS NOTHELFER

Auf kaum einen Nothelfer kommen derart viele Patronate. Politisch ist er der Patron von Sachsen, Böhmen, Pommern, Rügen und Sizilien, der Städte Prag, Corvey, Mönchengladbach und vielen anderen. Aufgrund seines Alters zeichnete Vitus sich aus als Patron der Jugendlichen, aber genauso gesellte sich hinzu die illustre Runde der Gastwirte, Apotheker, Winzer, Schauspieler, Tänzer, Bierbrauer, Küfer, Bergleute, Kupferschmiede und Landsknechte. Im bäuerlichen Leben ist er der Patron gegen Unwetter, Blitz und Feuersgefahr, für gute Saat, gute Ernte und für die Haustiere. Gesundheitlich ist er zuständig für die ‚hysterischen' Krankheitsbilder von Krämpfen über Tollwut, Hysterie bis zur Epilepsie und allem, was mit dem Veitstanz zu tun hatte. Neben Augen- und Ohrenleiden war der junge Nothelfer auch noch einer, der es mit den bettnässenden Kindern gut meinte und sie beschützte.

Es tut gut, unter dem großen Reigen der Nothelfer auch einen jungen Menschen zu haben, der in noch kindlichem Alter unerschrocken an seinem Glauben festhält und daraus große Kraft schöpft. Egal, was man ihm androhte, Vitus blieb bei seinem Glauben. Er steht ein Stück weit auch für die jungen Menschen, die von Älteren missbraucht oder geschlagen werden, und tröstlich zeigt die Erzählung, wie er zwar jung sterben musste, aber trotzdem immer von guten Engeln begleitet war.

ATTRIBUTE

Am leichtesten erkennbar ist Vitus, wenn er im oder mit dem Kessel für das heiße Öl dargestellt wird. Löwe und Adler sind die Tiere, die in seiner Legende vorkommen, Siegespalme und Schwert sind Zeichen des Martyriums. Manchmal kommt auch ein Rabe, ein Hund an der Leine oder eine Keule dazu. Hermelin und Reichsapfel sind bei Vitus Zeichen für den Schutzpatron des sächsischen Kaiserhauses.

GEBET

Vermutlich aus dem Weckruf (s. o.) entstand dieser schwäbische Hilferuf für bettnässende Kinder:

„Heiliger Sankt Vit,
weck mich zur Zit,
nit zu früh und nit zu spot,
dass es nit ins Bett nein got."

WETTERREGEL

„Hat St. Veit starken Regen, bringt er unermesslichen Segen."

„Ist zu St. Vitus der Himmel klar, gibt es ein fruchtbares Jahr."

„Hat der Wein abgeblüht auf St. Vit, bringt er ein schönes Weinjahr mit."

DARSTELLUNG IN VORARLBERG

Der heilige Veit oder Vitus ist der nächste Nothelfer, der in Vorarlberg auf kaum eine Einzeldarstellung verweisen kann (die Sammlung des *vorarlberg museum* ist im Besitz einer solchen). Wieder sind wir bei der Suche nach einer Geschichte zu ihm ganz stark auf das Kollektiv der Vierzehn Nothelfer angewiesen. Ein wunderbares Bild in dieser Hinsicht ist das Hochaltarbild der Heilig-Kreuz-Kirche in Dalaas. Gemeint ist damit nicht die Pfarrkirche dieses Klostertaler Ortes, sondern jene mit den zwei Türmen im Tal, deren größte Existenzschwierigkeiten in der Geschichte wohl durch die Hochwasser der nahe gelegenen Alfenz bereitet wurden, wie auch die Aufstellung des Wasserschutzpatrons Johannes von Nepomuk in der Kirche verdeutlicht.

Irgendwie wirkt die Kirche wie ein Fake. Sie zeigt zwei barocke Zwiebeltürme, der eine ist auch gegen die Mitte des 18. Jahrhunderts im Zuge eines barocken Neubaus entstanden. Der andere Zwiebelturm über der Sakristei geht auf das Jahr 1902 zurück und hat somit nur optisch-vordergründig etwas mit Barock zu tun. Im Inneren sehen wir schwungvoll-leicht angebrachte barocke Decken- und Wandbilder ... allerdings aus dem Jahr 1956!? Ihr Urheber ist der Tiroler Kirchenmaler Wolfram Köberl, ein herausragender und in der zweiten Hälfte des 20. Jahrhunderts gerade in seiner engeren Heimat vielfach eingesetzter Künstler mit barockem Duktus. Vieles in dieser Kirche ist von Tiroler Künstlern gemacht worden, wie im Besonderen das Wirken des wichtigsten Barockbildhauers des Tiroler Oberlandes, Andreas Kölle (1680–1755), nachgewiesen werden kann.

Zurück zu unserem wunderbaren Bild der Vierzehn Nothelfer, das sich am rechten Seitenaltar befindet und zu unserer großen Überraschung das Werk

Vierzehn Nothelfer, rechtes Seitenaltarbild in der Kreuzkirche in Dalaas, Franz Anton Simon, 1749

eines Vorarlbergers ist. Franz Anton Simon mit einer nicht näher zu greifenden Werkstatt in Feldkirch zeichnet für dieses Bild verantwortlich. Die Signatur gibt uns nicht nur seinen Namen, sondern auch das Entstehungsjahr 1749 preis. Franz Anton Simon heiratete 1725 in Feldkirch. Seine Werke finden wir neben Dalaas auch in Bludenz (Laurentiuskirche, Franziskanerkirche) und in Raggal, wo das Altarbild „Heiliger Nikolaus" von ihm stammt. Auf das Nothelfer-Gemälde in der Sebastianskapelle in Satteins hatten wir bereits bei der heiligen Katharina aufmerksam gemacht. Simon konnte sich im Übrigen so deutlich gegen seine Tiroler Konkurrenz durchsetzen, dass wir ihm auch Werke im Tiroler Oberland nachweisen können.

Das Nothelferbild aus Dalaas orientiert sich an der barocken Hierarchie des Himmels auf Erden, wenn man so will. Das irdische Volk wird in dieser Hierarchie auf der untersten Stufe durch die Heiligen repräsentiert, die aus dem Volk kommen, denen aber neben dem heiligmäßigen und legendenumwobenen Leben auch besondere Fähigkeiten zugesprochen und die – wie in diesem Buch schon angesprochen – auch ein Stück weit ein unzerstörbares Leben führten. Franz Anton Simon stellt in seinem Altarbild die männlichen Heiligen – soweit es in der Fülle der elf Personen auf engstem Raum möglich ist – alle auf den Boden. Leicht erhöht und auch durch die Lichtführung hervorgehoben befindet sich der heilige Veit in seinem Kessel, inmitten seiner Kollegen, die um ihn herum gruppiert sind. Über der Szenerie schweben die weiblichen Heiligen Katharina, Barbara und Margareta auf Wolkenbänken. Ihre Orientierung gilt nicht den Nothelfern unter ihnen, sondern der Muttergottes Maria mit ihrem Jesuskind, die in der Mitte auf der höchsten sichtbaren Wolke Platz genommen haben. Maria und Jesus beschreiben die nächste Hierarchie, die zwischen den Heiligen als Vertreter des irdischen Volkes gleichsam als Fürbitter bei der obersten Instanz, Gottvater, vorsprechen. Tatsächlich zeigt auch das Oberbild des linken Seitenaltares eine Gottvater-Darstellung, womit zumindest diese typische barocke Hierarchie angedeutet beziehungsweise gewahrt ist.

Der heilige Veit ist prominent in die Bildmitte gerückt, wie es durchaus häufiger in der Kunstgeschichte zu beobachten ist. Der große Kessel, in welchen der Heilige hineingestellt wurde, ist das untrügliche Erkennungsmerkmal des Nothelfers. Der Künstler hat das Bild malerisch im Duktus des

18. Jahrhunderts gehalten, wie es für viele spätbarocke Gemälde der Region kennzeichnend ist. Die Körper sind voluminös, die Gewänder farbenprächtig und der Biografie der Personen angepasst und die Mimik und Gestik der Nothelfer sind um eine Interaktion bemüht.

LITERATUR

https://www.heiligenlexikon.de
https://de.wikipedia.org
https://www.vierzehnheiligen.de
http://bgweiz.at/projekte/14nothelfer/index.htm
https://www.unifr.ch/bkv/

Reinhard Abeln: Die Vierzehn Nothelfer. Ihr Leben und ihre Verehrung, Kevelaer 2016

Arnold Angenendt: Heilige und Reliquien. Die Geschichte ihres Kultes vom frühen Christentum bis zur Gegenwart, München 1994

Manfred Becker-Huberti, Konrad Beikirchner: Märtyrer. Der sichere Weg zur Heiligkeit, Köln 2014

Albert Bichler: Die Vierzehn Nothelfer, Augsburg 1998

Luc Campana: Die 14 Heiligen Nothelfer. Herkunft und Verehrung, Konkurrenz zur Medizin, Leben und Legenden, Reichweite und Bildnisse. Schwerpunkt Schweiz, Lauerz 2007

Die Bibel. Einheitsübersetzung der Heiligen Schrift, Stuttgart 2016

Peter Dinzelbacher: Falsche Heilige. In: Hannes Etzlstorfer u. a.: echt_falsch. Will die Welt betrogen sein? Wien 2003

Ein starkes Team! Die Vierzehn Nothelfer in Kunst und Verehrung im Bistum Eichstätt. Hg. vom Domschatz- und Diözesanmuseum Eichstätt, Eichstätt 2016

Eusebius von Cäsarea: Kirchengeschichte (Historia Ecclesiastica). Ausgewählte Schriften Band II. Übers. v. Phil. Häuser. Bibliothek der Kirchenväter, 2. Reihe, Band 1. München 1932

Eusebius von Cäsarea: Über die Märtyrer in Palästina (De martyribus palaestinae). Ausgewählte Schriften. Übers. v. J. Pfättisch und A. Bigelmair. Bibliothek der Kirchenväter, 1. Reihe, Band 9, München 1913

Fjodor M. Dostojewski: Die Brüder Karamasow. Übers. v. E. K. Rahsin, München 1985

Michael N. Ebertz: Von der „Religion des Pöbels" zur „popularen Religiosität". In: Jahrbuch für Volkskunde 1996, S. 169–183

Egon Friedell: Kulturgeschichte der Neuzeit, München 1989

Heinrich Fürst: Die Vierzehn Nothelfer – unsere Freunde. Ihre Verehrung von den Anfängen bis zum Dreißigjährigen Krieg, Petersberg 2008

Anselm Grün: Wunden zu Perlen verwandeln. Die 14 Nothelfer als Ikonen der Heilung, München 2011

Martin Helg: Die Rückkehr der Toten. Wochenendbeilage der Neuen Zürcher Zeitung, 5. August 2018, S. 5–11

Horst Herrmann: Lexikon der kuriosesten Reliquien. Vom Atem Jesu bis zum Zahn Mohammeds, Berlin 2003

Markus Hofer: Glauben und das Leben genießen. Lebenskunst aus der Bibel, Innsbruck 2017

Lexikon der christlichen Ikonographie, 8 Bände, Freiburg im Breisgau 1968–1976

Lexikon für Theologie und Kirche (LThK), Hg. von Josef Höfer und Karl Rahner, 14 Bände, Freiburg im Breisgau 1965

Kongregation für den Gottesdienst und die Sakramentenordnung: Direktorium über die Volksfrömmigkeit und die Liturgie. Verlautbarungen des Apostolischen Stuhls 160, Bonn 2001

Herbert Nikitsch: Heilige in Europa – Kult und Politik, https://www.volkskundemuseum.at/jart/prj3/volkskundemuseum/data/uploads/HEILIGE_IN_EUROPA_Katalog_Einleitung.pdf

Andreas Rudigier, Elmar Schallert: 111 Heilige in Vorarlberg, Feldkirch 1998

Adalbert Seipolt: Und es nickte der kopflose Bischof, Würzburg 1989

Sulpicius Severus: Vita Sancti Martini / Das Leben des heiligen Martin. Übersetzung, Anmerkungen und Nachwort von Gerlinde Huber-Rebenich, Stuttgart 2010

Alex Stock: Poetische Dogmatik. Gotteslehre. 3 Bände, Paderborn 2007

Rosel Termolen, P. Dominik Lutz: Nothelfer. Patrone in allen Lebenslagen, Lindenberg 2006

Jacobus de Voragine: Legenda aurea. Übersetzt von Jacques Laager, Zürich 1982

Ludwig Wittgenstein: Bemerkungen über Frazers „The Golden Bough". In: Rolf Wiggershaus (Hg.), Sprachanalyse und Soziologie, Frankfurt 1975, S. 37–57

Ludwig Wittgenstein: Philosophische Untersuchungen, Frankfurt 1977

BILDNACHWEIS

Wikimedia Commons: S. 17 (Jörg Blobelt), 22, 29 (Dbu), 35, 38, 41, 53 (Reinhard Kirchner), 71, 81, 83, 86, 104 (Wolfgang Sauber), 119 (Reinhard Hauke), 127, 143, 146

Othmar Lässer: S. 22

Dieter Petras: S. 66, 76, 90, 109, 115, 122, 130, 138, 150, 160, 169, 176, 185

Manfred Schlatter: S. 99, 122

AUTOREN

MARKUS HOFER, geb. 1957, studierte Philosophie, Theologie, Germanistik und Kunstgeschichte und war langjähriger Leiter des Männerbüros der Katholischen Kirche Vorarlberg. Seit 2014 ist er an der Fachstelle Glaubensästhetik in Feldkirch tätig und arbeitet an der Vermittlung von Kirchenräumen und christlicher Kunst. Er ist Autor zahlreicher Bücher bei Tyrolia.

© Darko Todorovic

ANDREAS RUDIGIER, geb. 1965, studierte Kunstgeschichte und Rechtswissenschaften und leitete elf Jahre die Montafoner Museen (Heimatmuseum Schruns, Alpin- und Tourismusmuseum Gaschurn, Bergbaumuseum Silbertal, Museum Frühmesshaus Bartholomäberg). Seit 2011 ist er Direktor des vorarlberg museums in Bregenz; er hat zahlreiche kunsthistorische Publikationen veröffentlicht.

www.tyrolia-verlag.at

Das Spiel von Verhüllung und Enthüllung

Markus Hofer
Das Heilige und das Nackte
Eine Kulturgeschichte

Wie viel Nacktheit wird gezeigt, was wird verborgen an heiligen Orten bzw. in Räumen, wo Religion erlebt wird? Dieses Buch geht dem reizvollen Spannungsfeld des Heiligen und Nackten (vorwiegend) im Kontext des christlichen Abendlandes nach, zeigt, wie sich die Kraft der Sexualität Wege bahnt und wie immer wieder versucht wurde, sie zu kultivieren.

192 Seiten, 70 farb. Abb., geb.
ISBN 978-3-7022-4052-3

Die Drucklegung dieses Werkes wurde unterstützt vom Amt der Vorarlberger Landesregierung/Abteilung Kultur sowie von der Katholischen Kirche Vorarlberg.

Nachhaltige Produktion ist uns ein Anliegen; wir möchten die Belastung unserer Mitwelt so gering wie möglich halten. Über unsere Druckereien garantieren wir ein hohes Maß an Umweltverträglichkeit: Wir lassen ausschließlich auf FSC®-Papieren aus verantwortungsvollen Quellen drucken, verwenden Farben auf Pflanzenölbasis und Klebestoffe ohne Lösungsmittel. Wir produzieren in Österreich und im nahen europäischen Ausland, auf Produktionen in Fernost verzichten wir ganz.

Mitglied der Verlagsgruppe „engagement"

2. Auflage 2022
© 2020 Verlagsanstalt Tyrolia, Innsbruck
Umschlaggestaltung, Layout und digitale Gestaltung: Tyrolia-Verlag, unter Verwendung eines Bildes von Dieter Petras
Titelbild: Bildstock mit den Vierzehn Nothelfern in Nenzing-Gafrenga, Vorarlberg
Druck und Bindung: FINIDR, Tschechien
ISBN 978-3-7022-3840-7
E-Mail: buchverlag@tyrolia.at
Internet: www.tyrolia-verlag.at